Hôtel Gruuthuuse

BRUGES

15 JUIN AU 15 SEPTEMBRE 1902

EXPOSITION
des Primitifs flamands

SECTION D'ART ANCIEN

Catalogue.

Imprimé par Desclée, De Brouwer, et Cie, Bruges.

PRÉFACE

En offrant aux visiteurs du monde entier, accourus pour contempler les merveilles de l'Exposition des Primitifs Flamands, les quelques objets d'Art ancien exposés à l'Hôtel Gruuthuuse, nous avons eu moins le souci de réunir une collection importante et complète, que celui de montrer des spécimens des pièces d'orfévrerie, d'ameublement et de tapisserie que copiaient les Van Eyck, les Memlinc, les Mabuse et autres grands maîtres de la grandiose école Flamande.

La tâche délicate que nous avions de décrire ces chefs-d'œuvre a été beaucoup simplifiée, grâce aux emprunts que nous avons pu faire au Catalogue, aussi savant que précis, que Monsieur le Chanoine Reusens a composé pour l'inoubliable exposition de 1888. Qu'il veuille recevoir ici l'expression de tous nos remerciements.

L'Exposition d'Art ancien de l'hôtel Gruuthuuse est ouverte du 15 juin au 15 septembre 1902 de

10 heures du matin à 5 h. du soir. Elle ne comprend que les objets antérieurs au XVIIe siècle.

Le catalogue en est divisé en 8 parties :

Série A. Sculptures en bois et en marbre.

» B. Objets en buis.

» C. Meubles en bois.

» D. Tapisseries.

» E. Objets en bronze et en cuivre, dinanderies.

» F. Ivoires et nacres.

» G. Orfévrerie civile et religieuse, objets en or, argent, émail.

» H. Ferronneries, armes et coffrets.

Le Président de la Section d'Art ancien,
Baron DE VINCK DE WINNEZEELE.

Souvenirs judiciaires des XVe et XVIe siècles au Furnambacht.

Collection de deux masques, de deux poings et de sept plaques de bronze provenant de l'ancienne Cour de Justice du Furnambacht.

1. PLAQUE EN BRONZE, mentionnant que : Pierre de Heert est condamné par sentence de la loi du Furnambacht à donner son image en bronze, parce qu'il a désobéi à la loi susdite.
Année 1499.

2. IMAGE DE PIERRE DE HEERT, donnée en exécution de la condamnation ci-dessus relatée.

3. PLAQUE EN BRONZE, portant : que Jean Galyot a été condamné à faire exécuter un poing en bronze, pour avoir résisté au magistrat, et l'avoir frappé au visage.
Année 1549.

4. POING, exécuté aux frais de Jean Galyot, en obéissance au jugement précité.

5. PLAQUE EN BRONZE, portant : qu'au 20 mars 1555, Guillaume Messiaen fut condamné à livrer ce masque, parce qu'il avait attaqué en paroles Dieu et la loi.

6. MASQUE DE GUILLAUME MESSIAEN, exécuté conformément au jugement ci-dessus rapporté.

7. PLAQUE DE BRONZE, portant : " Le 8 mars 1623, Léon Vool, fils de Jean, fut condamné par Messieurs de la loi de la ville et de la châtellenie de Furnes, à déposer ici ce poing de métal avec le poignard, à raison de ce qu'il a résisté trois fois distinctes à des employés de cette châtellenie dans l'exercice de leurs fonctions, et notamment parce que dans une des résistances prénommées, il a arraché à un des employés son poignard, et qu'il l'a blessé ainsi à la main. "

8. POING EN BRONZE, qui devait tenir un poignard aujourd'hui disparu.

9. PLAQUE condamnant Jean Van Belle à déposer un masque de bronze, disparu. 6 juin 1554.

10. PLAQUE mentionnant la condamnation de Jean Rengoot, fils d'Antoine, à déposer son masque en bronze, aujourd'hui disparu. Août 1558.

11. PLAQUE DE BRONZE, disant : " Joseph de Brits fils de Jean, fut condamné par la justice, à déposer ici ce poing, parce qu'il frappa l'Amman de Westvleteren dans l'exercice de ses fonctions, le 15 octobre 1551. "
Ce poing a disparu.

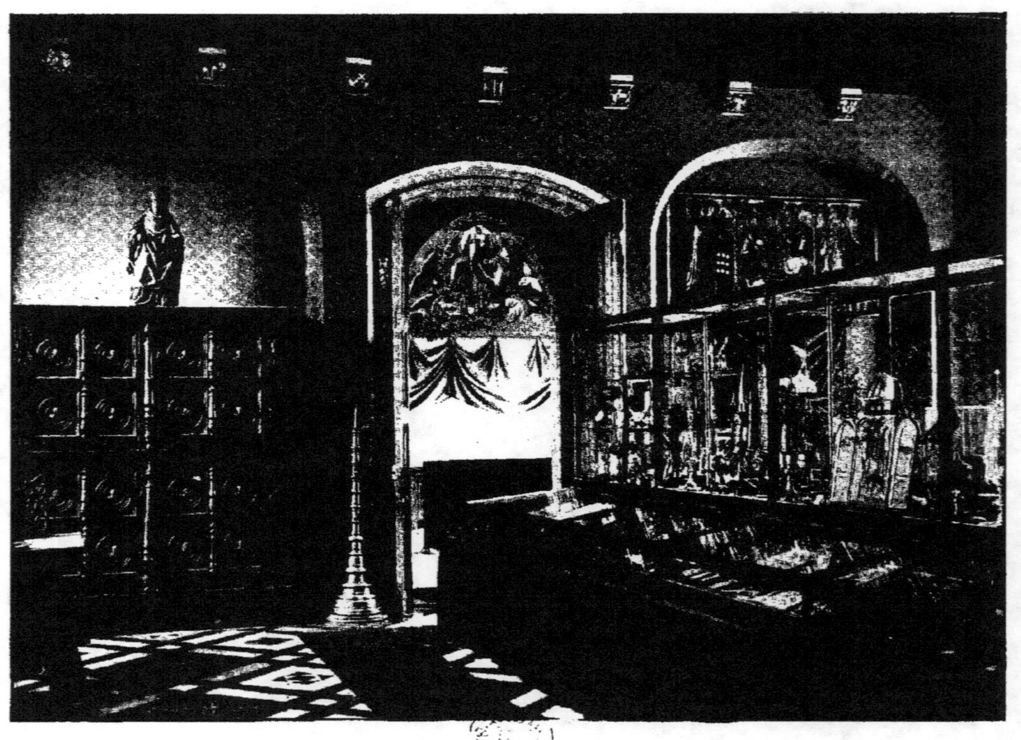

Vue d'ensemble de la Salle d'exposition.
D'après une photographie de M. Gecele, Bruges.

1. La Vierge à la pomme.

Statuette en bois de chêne.

La Vierge, assise sur un escabeau, présente de la main droite, une pomme à l'Enfant Jésus, qui est *assis* sur ses genoux.

H. 0,74.   XIIIe siècle.

Appart à M. Verlinde à La Hulpe.

2. Statuette en bois de chêne,

polychromie et dorure de l'époque, représentant la Vierge Marie portant dans ses bras, l'enfant Jésus.

H. 0,24.   XIVe siècle.

App^t aux hospices civils de Bruges.

3. Statue en chêne sculpté,

représentant un scribe, tenant un rouleau de papier à la main.

Costume et coiffure du XIVe siècle.

H. 0,95.

App^t à M. Guill. Matthieu à Huy.

4. S. Antoine l'Ermite,

statue en bois de chêne, du XIVe siècle.

H. 0.96.

App^t à Mme Mayer van den Bergh à Anvers.

5. Statue en pied de la Vierge couronnée,

portant Jésus auquel elle offre une pomme.

Du pied droit elle écrase un serpent à tête de femme coiffée à la mode du XIVe siècle.

H. 1.60.

Bois de chêne.   Appᵗ à M. EUG. VAN HERCK à Anvers.

6. Petit édicule en bois de chêne sculpté à jour et doré.

Sur un pied carré, découpé à jour, s'élèvent quatre fines colonnettes, divisées par un nœud, supportant un dais ajouré, orné de quatre clochetons formant contre-forts. Ceux-ci soutiennent par quatre ogives découpées, un gâble, terminé par une bulbe ajourée.

Sous ce dais se dresse une délicieuse statuette de la Vierge, haute de $0^m 750$ couronnée et portant dans ses bras l'Enfant Jésus auquel elle offre une grappe de raisins.

Le travail de ce charmant objet est d'une finesse extrême, et d'une pureté de lignes admirables.

H. 0.27.

Larg. du pied. 0.10.   XVe siècle.

Appᵗ aux HOSPICES DE BRUGES.

7. Groupe en bois de chêne sculpté,

ayant pour sujet, la rencontre de deux personnages se donnant l'accolade, devant la porte d'un château-fort.

H. 0.61.

Larg, 0.37.   XVe siècle.

Appᵗ à M. LIÉGEOIS à Ypres.

8. Statue équestre de S. Georges.

Le cavalier, heaumé et armé de toutes pièces, la lance à la main, porte sur l'épaule gauche un écu d'or à bandes noires, strié de gauche à droite. Le harnais du cheval est doré.

XVe siècle.

App^t à M. Léon Cardon à Bruxelles.

9. Groupe équestre en bois de chêne.

Le cavalier, vêtu d'une robe qui le couvre jusqu'aux pieds, fait, de la main droite, le geste de porter quelque chose à sa bouche. Sa monture baisse la tête, comme pour boire au ruisseau.

H. 0,49.

L. 0,29.

XVe siècle.

App^t au Musée Archéologique de Bruges.

10. Retable en bois sculpté,

se composant d'un tableau de 2 ^{m} 50 de longueur sur 1^m 50 de haut.

Il est divisé en dix arcatures ogivales surbaissées, séparées les unes des autres par des colonnettes à motifs différents portant sur les chapiteaux, des groupes de personnages.

Il représente le baptême, la vie et le martyre de saint Colombe.

La prédella se compose de trois sections décorées d'arabesques de feuillage, sculptées, et ornées d'un

écusson de gueules, au chevron d'or. Les quartiers
semés de losanges d'or, 3, 3 et 4.

XVe siècle.

App^t à l'église de Deerlyk.

11. Fragment de retable,

en bois de tilleul représentant un groupe de soldats et
de Docteurs de la Loi, discutant de la façon la plus
animée, probablement la question du supplice de
Jésus-Christ.

H. 0.78.   XVe siècle.

Larg. 0.38.   App^t à Mme E. Osterrieth à Anvers.

12 Fragment de retable,

montrant le Christ descendu de la croix, et reposant
sur les genoux de sa mère, entourée des Saintes Femmes
et de quelques Docteurs de la Loi. En partie poly-
chromé.

H. 0.69.   XVe siècle.

Larg. 0.55.

13. Deux fragments de retable,

à nombreux personnages, anciennement polychromés,
représentant : 1° la montée au calvaire ; 2° l'évanouis-
sement de la Vierge.

H. 0.85.   XVe siècle.

Larg. 0.35.   App^t a Melle Marie van Herck à Anvers.

14. Statuette de Dame,

du XVe siècle en bois de noyer.

La robe est à taille, et le cou de la dame est orné d'un triple rang de perles.

Les mains manquent.

H. 0,72.   XVe siècle.

15. Statuette en chêne.

Sainte Femme agenouillée, les mains jointes. De longues tresses de cheveux retombent sur ses bras.

Costume civil du XVe siècle.

H. 0.29.

Appt à M. Eug. Van Herck à Anvers.

16. Statue d'un évêque,

assis, dans une chaire primitive. Il a mitre en tête, et chasuble au dos.

De la main gauche il tient un missel ouvert ; de la droite il paraît tenir une crosse absente.

H. 0,90.   XVe siècle.

Appt aux Hospices civils de Bruges.

17. Groupe de trois anges, marchant, accompagnés d'un chien.

En chêne, avec polychromie ancienne.

Fragment de retable d'une superbe facture.

H. 0.47.   Fin du XVe siècle.
Larg. 0.30.

Appt à M. L. Kervyn de Meerendré.

18. Groupe en bois de chêne sculpté et polychromé,

représentant la Vierge se dirigeant vers une crédence qui supporte un missel ouvert.

Beau travail de la fin du XVe siècle.

Appt à M. Léon Cardon à Bruxelles.

19. Statuette en bois de chêne.

Tardivement polychromée et dorée, représentant la Vierge tenant l'enfant Jésus de la main droite.

H. 0,34.

XVe siècle.

Appt au Baron J. Bethune à Bruges.

20. Groupe en bois de chêne:

les saintes Femmes, au tombeau du Sauveur. Sept personnes. Traces de polychromie. — École d'Anvers.

H. 0,25.
L. 0,33.

XVe siècle.

Collection C. et G. de Somzée.

21. Petit groupe en chêne,

représentant le Christ injurié et insulté après la flagellation. Un chien même aboie après le Sauveur. Provient d'un retable.

H. 0,26.

XVe siècle.

Appt à Melle Marie van Herck à Anvers.

22. Statuette en bois de chêne,

représentant un ange agenouillé aux cheveux flottants,
au dos orné de deux longues ailes.

H. 0.42.   Superbe travail du XVe siècle.

Appᵗ à M. Eug. van Herck à Anvers.

23. Groupe en bois de chêne,

représentant Ste Anne, assise sur un trône à haut
dossier ; à ses pieds, la Vierge ayant l'enfant Jésus
sur ses genoux.

H. 0.45.   XVIᵉ siècle.

Appᵗ à M. Eug. Van Herck à Anvers.

24. Statuette en bois de chêne,

représentant un berger s'appuyant sur sa houlette.

H. 0.33.   XVIᵉ siècle.

Appᵗ à M. Eug. van Herck à Anvers.

25. Groupe en bois de chêne,

représentant l'Annonciation de la Vierge. Celle-ci,
agenouillée sur un prie-Dieu, reçoit, dans sa chambre,
la visite de l'Ange.

H. 27.   XVIᵉ siècle.

Appᵗ à M. van Goidsenhoven à Bruxelles.

26. Triptyque en bois sculpté à deux volets peints.

La partie centrale sculptée représente le couronnement de la Vierge, par la Ste Trinité.
Polychromie ancienne.
Les volets représentent, du côté intérieur, la Mort et l'Assomption de la Vierge.

H. 1,00.   XVIe siècle.
Larg. 2,00.   App^t à Mgr SIMON, Aumônier de la Cour, à Laeken.

27. Grande statue d'Évêque,

crossé et mitré, le personnage tient la crosse de la main droite, et un livre ouvert de la gauche.

H. 0.95.   XVIe siècle.
                    App^t à M. EUG. VAN HERCK à Anvers.

28. Statue de S. Michel

terrassant le dragon. Le Saint est couvert d'une armure, et armé d'une épée flamboyante.
Polychromie moderne.

H. 1.40.   XVIe siècle.
                    App^t à la GILDE DE ST-MICHEL à Bruges.

29. Groupe en chêne sculpté,

représentant une femme agenouillée, et ayant derrière elle un berger soufflant dans une cornemuse.

H. 0.31.   XVIe siècle.
                    App^t à M. VAN GOIDSENHOVEN à Bruxelles.

30. Cadre en forme de triptyque,

contenant huit statuettes et groupes en bois de chêne, du XVIe siècle.

1° Deux hommes portant une grappe de raisin.

2° S. Sébastien attaché au poteau.

3° Statuette de S. Pierre sur socle.

4° Statuette de S. Avit tenant une église de la main droite, et un glaive de l'autre ; sur socle.

5° Vierge agenouillée.

6° S. Joseph tenant une chandelle.

7° Groupe représentant la mort de la Vierge.

8° Groupe représentant la naissance de la Vierge.

H. du triptyque, 0.63.

Larg. » 0.73. Appᵗ à M. Euɢ. Van Herck à Anvers.

31. Semelle de **poutre,**

en bois de chêne, représentant deux anges jouant d'instruments de musique, harpe et viole.

H. 0.41. XVIe siècle.

Larg. 0.28. Appᵗ à M. Euɢ. van Herck à Anvers.

32. Statuette en bois de chêne,

représentant un homme sonnant de la trompette. — École d'Anvers.

XVIe siècle.

Appᵗ à M. Euɢ van Herck à Anvers.

33. Statuette en chêne sculpté.

La Vierge au croissant, tenant l'enfant Jésus sur son bras droit, lui présente une grappe de raisin.

H. 0.31.   XVIᵉ siècle.

Appᵗ à M. Eug. Van Herck à Anvers.

34. Statuette en bois de chêne.

Moine en prière devant un prie-Dieu.

H. 0,20.   XVIᵉ siècle.

Appᵗ à M. Eug. van Herck à Anvers.

35. Groupe en chêne sculpté,

portant la marque de l'École Anversoise, et représentant l'étable de Bethléem.

H. 0.60.   Première moitié du XVIᵉ siècle.
Long. 0.61.

Appᵗ à M. Charles Baus à Ypres.

36. Baguette de maître de cérémonies

consistant en une hampe hexagone en bois de chêne, cloutée d'argent. Elle porte au sommet une pomme en argent, surmontée d'un gland.

A l'extrémité inférieure une pomme aussi avec un écusson anciennement émaillé.

Au milieu, une bague.

Long. : 1 m. 11.   XVIᵉ siècle.

Appᵗ à l'église de Soignies.

37. Haut relief en marbre blanc,

représentant la Résurrection du Sauveur.

Le Sauveur quitte son tombeau, tenant une croix à la main.

Les gardes, coiffés du heaume caractéristique du XIVe siècle, sont profondément endormis.

H. 0.44.

Larg. 0.30.   App^t au Musée Archéologique de Bruges.

38. Deux hauts reliefs en marbre blanc,

représentant, l'un, la découverte de la vraie Croix par l'Impératrice Hélène ; l'autre, l'épreuve des Croix, et la résurrection d'un mort produite par l'attouchement de la vraie Croix.

H. 0.45.   XVe siècle.

App^t au Baron de Vinck de Winnezeele à Anvers.

39. Buste en marbre de Marie de Bourgogne,

fille de Charles le Téméraire, à l'âge de 19 ans. Elle est coiffée du hennin, et porte des vêtements richement brodés et enrichis de pierreries.

H. 0.45.   Fin du XVe siècle.

Larg. 0.30.

App^t au Baron de Schikler à Paris.

40. Médaillon en pierre de touche,

représentant un vieillard en haut relief, vêtu d'un manteau à col de fourrure, et coiffé d'un chaperon de même.

Il porte l'inscription : Anno ætatis suæ LXXII.

Diam. o. 12.   XVe siècle.

App^t à M. Léon Cardon à Bruxelles.

41. Plat en marbre

contenant la tête de S. Jean, sculptée en haut relief. Une inscription, en lettres gothiques rouges, court sur le marli.

XVe siècle.

App^t au Musée archéologique de Bruges.

42. Fragment de retable en pierre blanche,

représentant Jésus au jardin des Oliviers.

Le Jardin, entouré d'une palissade de pieux verticaux, est défendu par une porte munie d'un toit. — Jésus, en prières, est accompagné de quatre apôtres, dont Judas, qui reçoit une bourse pleine d'or, des soldats du grand-prêtre, dont un est coiffé d'un turban ; — un autre porte une lanterne.

H. 0,46.   XVIe siècle.

L. 0,83.   App^t aux hospices de Bruges.

43. Lion héraldique en pierre,

tenant dans la griffe droite un écusson à lettrines.

H. 0.40.   XVe siècle.

App^t aux Hospices civils de Bruges.

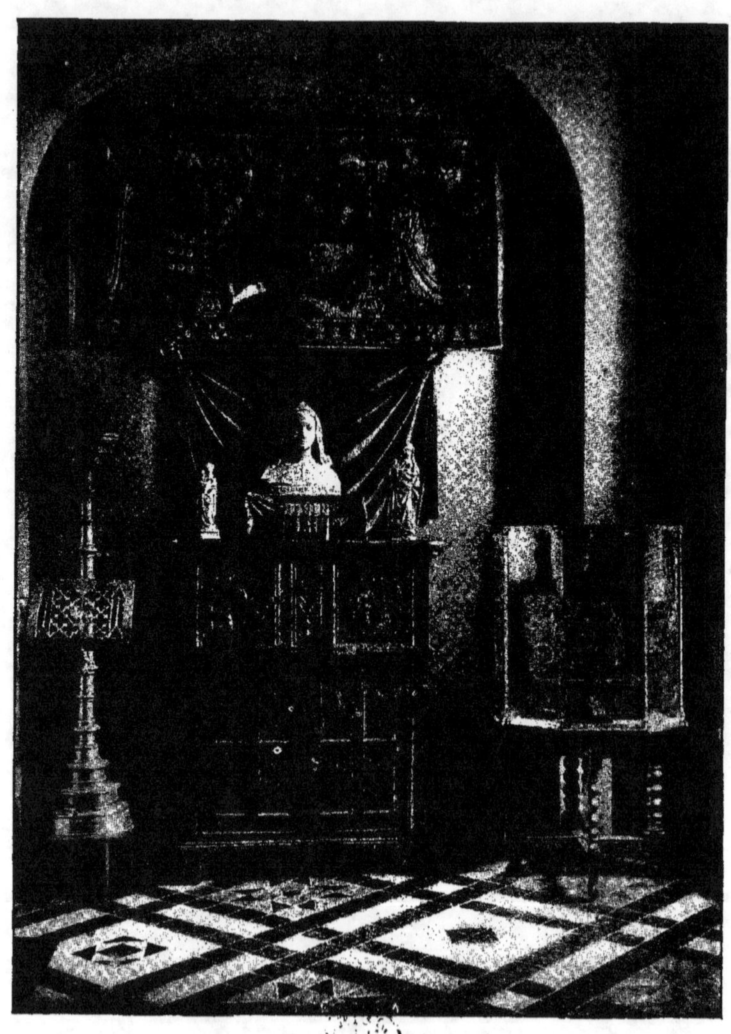

Vue de la Salle d'exposition.
D'après une photographie de M. Gecele, Bruges.

44. Partie de retable,

Groupe en chêne, représentant la mise au tombeau.
Huit personnages.

H. o 43.   XVIᵉ siècle.

Appᵗ à M. Van Goidsenhoven à Bruxelles.

45. Groupe en bois sculpté et doré,

représentant la Visitation. La Vierge tient un livre
ouvert dans sa main gauche.

H. 0.40.   1ʳᵉ moitié du XVIᵉ siècle.

Larg. 0.25.   Appᵗ au chanoine Baron Bethune à Bruges.

46. Statuette de Ste Anne, en chêne,

portant la Vierge et l'enfant Jésus sur son bras droit,
et tenant un livre ouvert de la main gauche.

H. 0.40.   XVIᵉ siècle.

Appᵗ à M. Eug. Van Herck à Anvers.

47. Vierge en bois de noyer,

portant sur le bras gauche l'enfant Jésus qui ouvre
un livre.

H. 0.41.

Fin du XIVᵉ siècle.

Appᵗ à M. Eug. Van Herck à Anvers.

1. Petit retable

ou autel domestique à volets, sculpté en haut relief en bois de buis. — Dans le compartiment central est représentée l'Adoration des Mages ; dans le volet gauche, à trois compartiments, sont représentés divers sujets : l'Annonciation, la Visitation et la Nativité. — Dans le volet droit se voient la Présentation au Temple, la Fuite en Égypte et Jésus parmi les docteurs.— Sur la plinthe, supportée par trois lions, est écrit : *Gaspar, Melssior, Baltisar.*

Travail flamand de la fin du XVe siècle.

Appt à S. A. S. Mgr le Duc d'Aremberg.
Catal. de la collection d'Aremberg.

2. Petit retable.

ou autel domestique, à volets, sculpté en haut relief, en bois de buis.

En tous points semblable au Nº 1, sauf en ce qui concerne les caractères qui ne sont pas d'un style aussi pur.

Travail flamand de la fin du XVe siècle.

Appt au Comte d'Assche à Bruxelles.

3. Petit groupe en bois de buis polychromé,

représentant le Christ vêtu du manteau de pourpre et couronné d'épines, entre un soldat et un grand-prêtre.

H: 0.105.   XVIe siècle.

Larg: 0.750.   Appt à M. van Goidsenhoven à Bruxelles.

4. Médaillon en buis sculpté et ciselé,

de l'empereur Charles-Quint. Celui-ci est vu de profil, la tête tournée à gauche, et dans l'encadrement, on lit cette inscription : « Charles, par-la-grâce-de-Dieu-destere *(sic)* Empereur-roi-des-Romains *(sic)* ».

Travail flamand du 1er tiers du XVIe siècle.

Ce médaillon se trouve dans son écrin original, en cuir gaufré.

Diam. du médaillon 0,100.

Appt à S. A. S. Mgr le Duc d'AREMBERG.
Catal. de la collection d'Aremberg.

5. Petit tableau en bois de buis, sculpté en haut relief.

Il représente la naissance de Jésus, à Bethléem, dans un bâtiment en ruines, n'ayant conservé que quelques arcades de plein cintre.

H. 0.165.   XVIe siècle.
L. 0.11.

Tableau et cadre pris dans un seul bloc.

Appt à M. Léon Cardon à Bruxelles.

6. Peigne liturgique en bois de buis.

Il est divisé, sur la longueur, entre les deux rangées de dents, en cinq compartiments ajourés, dont deux portent une bande avec quelques lettres sculptées.

H. 0,10.   XVe siècle.
L. 0,18.

Appt à M. Van Goidsenhoven à Bruxelles.

7. Psautier en bois de buis.

Un rosaire formé de vingt-cinq grains à quatre faces, portant sur chacune d'elles un ou plusieurs mots latins en lettres gothiques et de vingt-neuf grains polygonaux ornés de dessins géométriques.

XV⁰ siècle.

Appᵗ à M. Tulpinck à Bruges.

8. Boîte ronde

en bois des îles, travaillée au tour. Au centre du couvercle, un médaillon rond représente le profil d'un homme ayant une abondante chevelure.

XVIᵉ siècle.

Appᵗ à S. A. S. Mgr le Duc d'Aremberg.

1. Grand coffre à archives, en bois de chêne, anciennement polychromé.

La face principale, au milieu de laquelle se détache la serrure, ancienne, se divise en trois panneaux : le panneau central représente le combat du chevalier S. Georges contre le dragon. — La scène se passe devant un monument ogival à tour crénelée.

Les côtés sont ornés de deux statuettes en bas-relief, placées dans des niches crénelées.

H. 0.70. XIIIᵉ siècle.

L. 1.23. Appᵗ aux ARCHIVES D'YPRES.

2. Coffre ou bahut en chêne,

a un corps sur pieds et traverse. Deux vantaux avec serrures et pentures montrant des personnages à mi-corps dans une niche à arcade trilobée. Deux niches latérales portent les mêmes personnages en pied.

H. 0.83.

L. 1.32. XVᵉ siècle.

Appᵗ aux HOSPICES DE BRUGES.

3. Coffre ou bahut bourguignon.

Cinq panneaux sculptés, représentant la tiare, l'Aigle impériale, le briquet et des Arabesques.

H. 0.85. XVᵉ siècle.

Larg. 1.60. Appᵗ aux HOSPICES CIVILS D'ALOST.

4. Crédence bourguignonne,

composée de deux panneaux et d'une porte sculptée à jour. Les monogrammes de Jésus et de Marie sont sculptés sur les vantaux latéraux ; le briquet de Bourgogne et le caillou ornent celui du milieu.

Parties refaites ainsi que les pentures.

H. 1.34.   XVᵉ siècle.
Larg. 1.02.   Appᵗ aux Hospices civils d'Alost.

5 Petit coffre monté sur traverses.

Le panneau central représente, à droite, le briquet de Bourgogne, sommé de la couronne fleurdelisée ; à gauche, un écu penché, de trois feuilles de trèfles sur un champ indéterminé. — Le panneau central, séparé des deux panneaux latéraux par des fenestrages ogivaux, représente une buire élégante, d'où sort une gerbe de tiges de trèfles.

La serrure ancienne est malheureusement étamée.

H. 0.51.   XVᵉ siècle.
Long. 0.89.

6. Petit banc, prie-Dieu.

En chêne sculpté, portant les noms de Ihesus et Maria, sculptés en plein bois.

H. 0.64.   XVᵉ siècle.
Larg. 0.29.   Appᵗ aux Hospices civils de Bruges.

7. Autre petit banc, prie-Dieu.

8. Autre petit banc, prie-Dieu.

9. Deux tréteaux en bois de chêne,

formant chacun par la réunion des deux pieds anté-
ricurs une arcade bilobée. — Le support se termine
par deux rosettes.

H. 0,75.   XVe siècle.

App^t aux HOSPICES DE BRUGES.

10. Grand bahut en bois de chêne,

à deux corps et quatre vantaux, fermés par un
balustre tourné.

Les quatre vantaux sont décorés au moyen de cercles
concentriques pris en plein bois, et au milieu desquels
sort, en ronde bosse, une tête alternativement d'homme
et de femme.

Les têtes sont au nombre de seize.

Les pentures sont en fer patiné, et les côtés sont à
feuilles de parchemin. Superbe spécimen de l'époque
de transition, admirablement conservé.

H. 2,32.   XVIe siècle
Larg. 2.   App^t aux HOSPICES CIVILS DE BRUGES.

11. Petit coffret en chêne,

orné de l'écu aux trois fleurs de lys de France, sculpté
au milieu d'arcades ogivales trilobées. Une frise supérieure, faite de petits fenestrages trilobés et contrariés,
complète la décoration du meuble.

H. 0.28.   XVIe siècle.
L. 0.50.   App^t à M. EUG. SOIL à Tournai.

12. Bahut miniature.

de 0ᵐ44 de haut, appuyé sur deux traverses terminées
en griffes de lion rudimentairement sculptées. Le
vantail et son encadrement sont ornés de sculptures
en fenestrages ogivaux.

XVIᵉ siècle.

Appᵗ à M. Tulpinck à Bruges.

13. Bahut en bois de chêne.

Sculpté et ciré, à deux corps, et quatre vantaux.

La partie supérieure est ornée de trois colonnes appuyées sur un socle, et portant sur leur chapiteau de
petits personnages.

Douze panneaux représentant un cep de vigne ornent
le meuble, d'une conservation remarquable.

H. 1,51.   XVIᵉ siècle.

L. 1,35.   Appᵗ aux hospices de Bruges.

14. Crédence en bois de chêne à deux corps.

Les panneaux inférieurs sont composés de huit
parchemins.

La partie supérieure, divisée en trois, se compose
d'un panneau fixe portant un vase fleuri, et de deux
vantaux ornés de sculptures et de ferronneries, représentant l'Annonciation.

La Vierge est sur le vantail de gauche, l'Ange sur
celui de droite.

H. 1,46.   XVIᵉ siècle.

L. 1,20.   Appᵗ aux hospices de Bruges.

15. Armoire à dîner, dite « Beggynenkasken ».

ayant servi au béguinage de Gand, garnie de quatre
ventilateurs en forme de rosaces ajourées. — La
partie supérieure du panneau central est ornée d'un
cep de vigne sculpté ainsi que du monogramme du
Christ.

La partie inférieure porte la vigne sans monogramme.

H. 1.45.
Larg. 0.50.   XVe siècle.

App^t à M. Pierre Verhaegen à Gand.

1. Tapisserie gothique

représentant un combat de chevalerie ; sur les épées se trouve le mot *Durendal*, et sur les armures, *Rolant*, plusieurs fois répété.

A la partie supérieure se trouve une bande pourpre couverte d'écriture française.

H. 4,50.   XVe siècle.
Long. 6 m.

Des collections du Musée du Cinquantenaire à Bruxelles.

2. Tapisserie flamande,

représente Charlemagne tenant un glaive et le globe, debout à côté d'un char traîné par deux éléphants blancs, portant la renommée qui souffle dans une trompette à quatre pavillons.

Platon, Homère, Virgile, Cicéron, S. Louis de France, entourent le char.

Long. 5 m. H. 4 m.   XVe siècle.

Fait partie des collections du Musée du Cinquantenaire à Bruxelles.

3. Tapisserie tissée d'or,

représentant le martyre de S. Laurent. Le panneau est divisé en trois parties inégales par des colonnes ornementées. — A droite, un chevalier, l'épée nue à la main, soutient un écu à fond de gueules damassé, portant 3 boules d'argent, 3, 3 et 3. — A gauche une châtelaine dans un paysage, tenant un cierge allumé de la main gauche, lit dans un livre ouvert.

Au milieu S. Laurent rôtit sur le gril. — Bordure de trois côtés.

H. 1,00.
Larg. 2,10.

XVIe siècle.

Appᵗ à S. A. S. Mgr le Duc d'Aremberg à Bruxelles.

4. Antependium ou devant d'autel,

en tapisserie bi-colore, rouge et bleue ; au centre, la Vierge assise sur un trône de marbre, formant monument, tient dans ses bras l'enfant Jésus.

A droite le Bon Pasteur, tient sur la main gauche un agneau, reposant sur un livre; à gauche, S. Jean, tenant le calice.

Comme fond, un décor de paysage avec châteaux.

H. 1.00.
Long. 2.00.

XVIe siècle.

Appᵗ aux Hospices de Bruges.

5. Antependium ou devant d'autel,

en tapisserie représentant l'étable de Bethléem, et la crèche de Jésus, entourée de la Vierge, de S. Joseph, de deux anges et de deux bergers.

A droite, un seigneur agenouillé, patronné par Ste Catherine, qui tient la roue et l'épée ;

à gauche, une châtelaine sur l'épaule de laquelle Ste Anne, portant la Vierge et l'Enfant Jésus, pose la main. Riche bordure entourant la tapisserie.

H. 1.00.
L. 2.10.

XVe siècle.

Appᵗ aux Hospices de Bruges.

6. Tapisserie de Tournai en laine.

Six scènes de l'Ancien Testament, séparées par des arbres. Les sujets représentés sont : 1º Adam et Ève auprès de l'Arbre du Paradis autour duquel est enroulé le serpent ; 2º Loth se sauvant de Sodome avec ses enfants ; 3º Abraham recevant à sa table les trois Anges ; 4º Moïse sauvé des eaux ; 5º Joseph descendu dans la citerne ; 6º Balaam et l'Ange.

II. 0.48
Long. 3.70.

XVIᵉ siècle.

Appᵗ à l'ÉGLISE St-BRICE à Tournai

Catal. expos. 1888, Nº 3006.

---

1. Aiguière ou Aquamanile en laiton,

représentant un lion sans crinière, la queue lui battant les flancs. Une anse partant du sommet de la tête, se soude aux reins de l'animal.

Gravures imitant la toison de l'animal.

H. au sommet de la tête, o.28. XIIIe siècle.

Appᵗ à M. Léon Cardon à Bruxelles

2. Aiguière ou Aquamanile en laiton,

représentant un lion, la gueule ouverte, pourvu d'une abondante crinière. Sa queue se relève et se rattache à une anse qui part du sommet de la tête pour se souder aux reins de l'animal.

H. o.26. XIVe siècle.

Appᵗ à M. Léon Cardon à Bruxelles.

3. Croix d'autel ou de procession

en bronze, anciennement doré. La croix est ornée d'un rebord qui la contourne complètement. Dans la partie supérieure de la croix, la main de Dieu le Père, avec les deux doigts pour bénir, anormalement allongés. Le Christ, vêtu d'un long perizonium, porte des cheveux retombant en tresses sur ses épaules, et séparés par une ligne médiane.

Revers uni.

H 0,31. XIe siècle.

L. des bras. o.19. Appᵗ à M. Eug. van Herck à Anvers.

4. Figure du Christ,

détaché de la croix, en bronze autrefois doré.

Le Christ a un perizonium qui descend jusqu'aux genoux.

H. 0,20.

L. 0,18.

XIIe siècle.

App^t à M. Matthieu à Huy.

5. Christ en croix en laiton.

Les côtes sont fortement accentuées, et les cheveux couvrent les épaules.

H 0,20.

XIVe siècle.

App^t à Mgr Simon, Aumônier de la Cour.

6. Encensoir en laiton.

Le couvercle ajouré est surmonté d'un toit à quadruple pignon à fenêtres en croix.

Le couronnement est un crucifix dont la branche supérieure est brisée.

H. 0,195.

XIIIe siècle.

App^t à M. van Goidsenhoven à Bruxelles.

7. Encensoir en bronze.

Pied à six lobes. — Il représente une tour à cinq faces, avec des contre-forts crénelés.

Sur la tour, une tourelle à cinq faces également.

H. 0,25.

XIVe siècle.

Appartient à M. Matthieu à Huy.

8. Petit encensoir de style roman de forme globulaire.

La caisse est ornée de six médaillons ciselés.
Les mêmes médaillons perforés et maladroitement découpés forment la coupole ajourée.

H. o,17.

XIVe siècle.

App' à M. Matthieu à Huy.

9. Encensoir en laiton,

de forme hexagone, formé de six pignons ajourés, surmontés d'un clocheton que termine une croix.

XVe siècle.

App' à l'église Ste-Croix à Liége.

10. Lustre en laiton,

terminé par une tête de dragon, mordant un anneau, et surmonté d'une statue de la Vierge (l'enfant manque).

A la tige se rattachent deux rangs de branches de vigne, qui supportent des bobèches à pointes, pour seize cierges.

H. 1,15.
Diam. 0,90.

XVe siècle.

App' à M. le Curé de Machelen.

11. Lustre en laiton pour seize cierges,

portés sur des branches de vigne se rattachant en deux rangs, à une tige centrale. Celle-ci, terminée par une tête de dragon tenant entre ses crocs un anneau, est surmontée d'une statuette de la Vierge avec l'Enfant, dans une gloire rayonnante.

H. 0.94. Fin du XVe siècle.

Diam. du rang infér. 0.70.

id. du rang supér. 0.41. App^t à l'HOPITAL ST-JEAN à Bruges.

Catal. Expos. 1888, N° 848.

12 Lutrin en laiton,

découpé à jour, maintenu sur une tige de fer.

H. 0.43. XVe siècle.

Larg. 0.535. App^t à l'ÉGLISE DE ST GERMAIN à Tirlemont.

Catal. expos. 1888, N° 808.

13. Lutrin pélican, en laiton, à base hexagone.

Au centre de chacune des six faces produites par la retraite de la partie supérieure de la base sur l'inférieure, prend naissance une colonnette cylindrique annelée.

Ces colonnettes, disposées autour d'une forte colonne centrale, torse et annelée, sont sensiblement inclinées vers l'axe central (le diam. inférieur du faisceau est de 0^m60, tandis que le supérieur est à peine de 0^m30) et réunies par une plate-bande ajourée et décorée à sa partie inférieure de redents. Les six plates-bandes réunies et ornées, autrefois, aux angles de jonction, de statuettes, forment le bassin. Celui-ci soutient le globe pivotant, surmonté du pélican aux ailes déployées.

H. 1.87. XVe siècle.

App^t à l'ÉGLISE DE ST-GERMAIN à Tirlemont.

Catal. expos. 1888, N° 798.

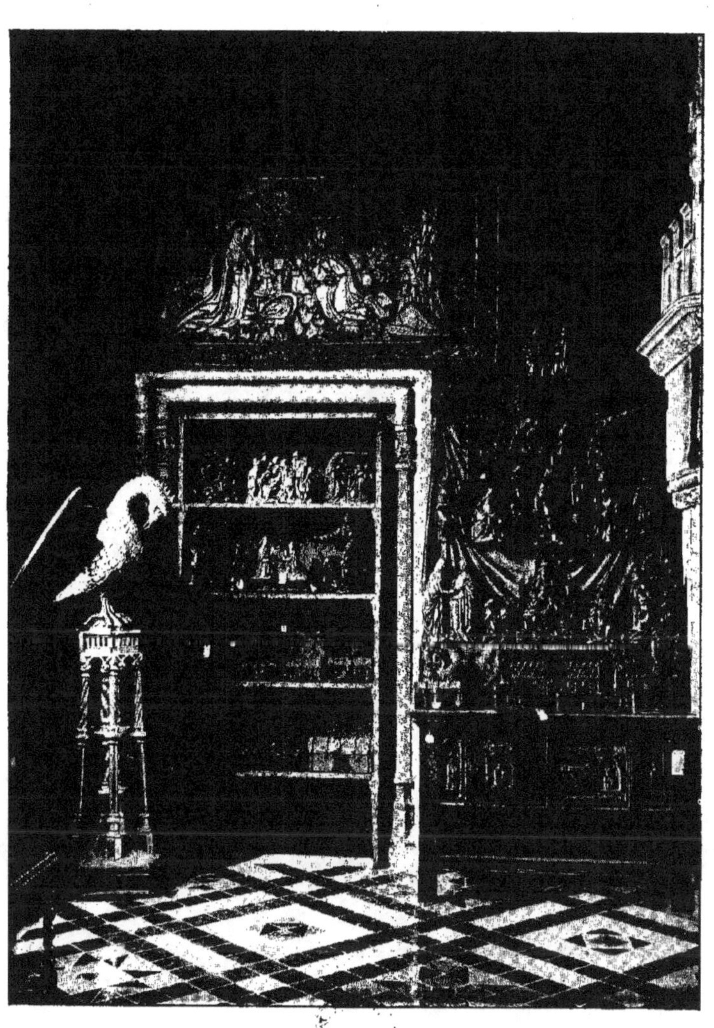

Vue de la Salle d'exposition.
D'après une photographie de M. Gecele, Bruges.

14. Chandelier pascal et lutrin.

La couronne de lumières portait autrefois, à sa gorge, quatre ornements ou statuettes qui ont disparu. — La tige est ornée de nombreuses bagues, et vierge d'inscription.

H. 1.69.   XVe siècle.

App^t à M. LAURENT à Antoing.

15. Pied et tige de chandelier pascal en laiton.

Le lutrin et la couronne de lumière que portait la pièce ont disparu. Fondu à Tournai.

H. 1.20.   XVe siècle.

App^t à M. LAURENT à Antoing.

16. Tombe plate en laiton,

portant les effigies de Jehan de Dours, de sa femme, de leurs deux fils et de leurs quatre filles, agenouillés devant une représentation de la Très-Sainte-Trinité, et accompagnés de leurs patrons : S. Jean-Baptiste, Ste Catherine. Dans les angles supérieurs on voit deux écussons armoriés ; la partie inférieure de la plaque est occupée par une inscription rappelant les fondations établies par „ Jehan de Dours dit du Manage et demoiselle Catherine de Harlebecque sa femme „. Les émaux de la plaque ont été renouvelés.

Cette tombe, œuvre de l'école des fondeurs Tournaisiens, date de 1453.

H. 0.73.   App^t à l'ÉGLISE ST-BRICE à Tournai.
Larg. 0.57.   Catal. expos. 1888, p. 776.

17. Plat gothique en laiton,

représentant au centre, la Vierge dans une gloire, couronnée par deux anges. Une double inscription court autour de l'ombilic.

Diam. 0.41.   XVᵉ siècle.

Appᵗ à M. LE CURÉ DE DAMME.

18. Plat gothique en laiton,

montrant en relief le combat de S. Georges, à cheval, terrassant le dragon.

Une inscription circulaire encadre le sujet.

Diam. 0.40.   XVᵉ siècle.

Appᵗ à l'ÉGLISE DE STALHILLE, près d'Ostende.

19. Bassin d'offrande en laiton,

représentant, au centre, Adam et Ève au paradis terrestre. Cette scène est entourée d'un double cercle d'inscriptions en lettres gothiques. Un troisième cercle se compose de fruits et de feuillages.

Sur le marli ou rebord du bassin, une marque indéfiniment répétée.

Prof. 0.10.   1ʳᵉ moitié du XVIᵉ siècle.
Diam. 0.57.

Appᵗ au Baron DE VINCK DE WINNEZEELE, à Anvers.

20. Ceinture de Châtelaine

en bronze ciselé, composée de dix chaînons réunis par des charnières. La décoration consiste en rangées de disques perforés terminés par nœuds, aux extrémités de chaque chaînon.

Long. o,64.   XVIe siècle.

App^t à M. Léon Cardon à Bruxelles.

21. Cloche en bronze

portant l'écusson de Malines, et l'inscription : " *Gabriel ben ic ghegoten van Adriaen Selhaert.* "

H. o,18.   Fin du XVIe siècle.

App^t à M. Maertens à Gand.

22. Fonts baptismaux en laiton fondu,

sur pied triangulaire reposant sur trois lions accroupis. La tige, ornementée de bagues et de feuilles d'acanthe, est soutenue de trois consoles terminées par des figures grotesques.

La coupe, dont le bas est décoré de godrons, est orné de trois têtes d'anges ailés. — Elle porte l'inscription : *Cit fons VIWS. Aqua regenerans vinda purificans. Anno 1549.*

Le couvercle, godronné également, supporte un édicule triangulaire soutenu par trois colonnes, dans lequel trois personnages, de 0^m27 de hauteur, représentent l'administration du sacrement de baptême. Le baldaquin est surmonté d'un pélican de 0^m37 de hauteur.

H. du couvercle. 1,09.
·H. de la coupe, sur pied. 1,00.   XVIe siècle.
Diam. de la coupe. 0,73.

App^t à l'église de Baelen-sur-Nèthe.

1. Crosse épiscopale de S. Machut,

conservée à l'église du Saint-Sauveur, à Bruges.

Elle est formée d'une tige consistant en cylindres d'ivoire, de O réunis entre eux, par des bandes de bronze doré de O.

Du côté inférieur, il se termine par une pointe en ivoire ; du côté supérieur, par une boule d'ivoire, surmontée d'une volute pareille.

H. 1,58. Xe siècle.

2. Coffret en ivoire sculpté,

composé de dix-sept plaques rectangulaires encadrées et séparées les unes des autres par des bandes, présentant une succession de petits disques circulaires décorés de rosettes. Dans quelques-unes de ces bandes d'encadrement, des torsades bordent les deux côtés de la série de rosettes. Les plaques rectangulaires sont décorées de sujets se rapportant tous à l'histoire d'Adam et d'Ève, et accompagnés d'inscriptions.

Long. 0,47.
Larg. 0,17.   Travail byzantin du Xe siècle.
H. 0,13.   App^t à Mgr Bethune à Bruges.

3. Coffret à reliques, en ivoire.

Le Christ, les Apôtres, Moïse, Aaron et quelques

prophètes dans des arcatures; le milieu de la face antérieure est occupé par un édifice.

Long. 0.21. XIe siècle
Larg. 0.12. App^t à la CATHÉDRALE DE TOURNAI.
H. 0.11. Catal. expos. 1888, N° 1176

4. Statuette de la Vierge debout,

portant l'Enfant Jésus sur le bras gauche, et le soutenant de la main droite.

H. 0,365.
Ivoire sculpté, de la seconde moitié du XIIIe siècle.
La tête de l'Enfant est moderne.

App^t à S. A. S. Mgr le DUC D'AREMBERG,
Catal. de la collection d'Aremberg.

5. Statuette d'ivoire.

La Vierge assise sur une chaire en cuivre doré, tient
sur son bras gauche l'Enfant divin qu'elle nourrit.
Elle est coiffée d'une couronne à fleurons, en cuivre
doré.

H. 0.275. XIIIe siècle.
Larg. 0.10. App^t à M. LÉON CARDON à Bruxelles.

6. Plaque d'ivoire sculptée

en forme de statuette, en partie polychromée, représentant la Vierge assise tenant l'enfant Jésus, debout sur
ses genoux, et lui offrant de la main gauche, une
colombe.

H. 0,26 XIVe siècle.
App aux HOSPICES CIVILS DE BRUGES.

7. Vierge en ivoire.

Assise sur un siège d'ivoire, la Vierge tient son divin Enfant sur les genoux.

Le bras droit manque.

H. 0,27.   XVᵉ siècle.

Appᵗ à M. Léon Cardon à Bruxelles.

8. Triptyque en ivoire,

représentant en deux étages le Christ en croix et la Vierge accostée de deux anges.

Le tout dans une ogive trilobée.

Les volets portent les statuettes de deux saintes.

H. 0. 12.   XIVᵉ siècle.
Larg. 0. 10.   Appᵗ à M. Dilger à Ypres.

9. Dessus de boîte, en ivoire sculpté.

Provient d'un miroir circulaire.

Le sujet est un couple d'amoureux, chevauchant l'amble ; l'homme, tenant un oiseau de chasse sur le poing, met la main gauche sur l'épaule de sa compagne.

Un valet, à pied, tenant une lance à la main, les suit.

Au bas du sujet, un chien de chasse s'élance.

Diam. 0,110.   2ᵉ tiers du XIVᵉ siècle.

Appᵗ à S. A. S. Mgr le Duc d'Aremberg.

Catal. de la collection d'Aremberg.

10. **Autel domestique** ou
chapelle portative en ivoire,

à doubles volets articulés, contenue dans un édicule à doubles volets, en bois de chêne, de style gothique.

La chapelle proprement dite se compose d'une Vierge en ivoire polychromée, assise sur un trône recouvert d'un dais, dans le ciel duquel apparaît la figure du Père Éternel. Le fond est imbriqué de carrés portant en lettres d'or sur fond bleu, le monogramme du Christ, IHS.

Les volets portent, du côté intérieur, six sujets en bas-relief reproduisant des scènes de la vie de la Ste Vierge :

> Sa Naissance,
> l'Annonciation,
> la Visitation,
> son Couronnement,
> sa Mort,
> la Crèche de Bethléem.

Six anges musiciens entourent le sanctuaire.

L'extérieur des volets se compose d'un carrelage de losanges d'ivoire et de corne, au milieu desquels six petites pièces rectangulaires représentent en bas-relief : Jésus au milieu des Docteurs, le bon Pasteur, S. Joseph et l'Arche d'alliance. Deux des plaques manquent.

H. o.28.

Ouvert. o.36.   XVe siècle.

11. Petit diptyque d'ivoire.

Dans le feuillet de droite, sous une triple arcade
trilobée, la Vierge encensée par deux anges. Sur le
feuillet de gauche, le Christ en croix, accosté de la
Vierge et de saint Jean.

H. 0.07.   XVe siècle.

App^t à Mgr SIMON, Aumônier de la Cour à Laeken.

12. Diptyque d'ivoire.

Sur le premier feuillet dans une arcade trilobée,
couronnée par deux anges qui balancent l'encensoir,
la Vierge portant sur le bras gauche l'Enfant Jésus,
et couronnée par un Ange. Un Ange se tient de
chaque côté, portant un chandelier.

Sur le deuxième feuillet, le Christ sur la croix, accompagné de la Vierge et de S. Jean.

H. 0.205.   Commencement du XVe siècle.

Larg. 0.125.   App^t au Baron DE VINCK DE WINNEZEELE à Anvers.

13. Diptyque d'ivoire.

Sur le premier volet : *a)* la Résurrection de Lazare;
b) au-dessous, la crucifixion.

Sur le second volet : *a)* l'entrée à Jérusalem ; *b)*
l'ensevelissement du Sauveur.

Ces quatre sujets sont surmontés d'arcades trilobées, divisant chaque panneau en deux parties égales.

H. des feuillets, 0.25.   XVe siècle.
Larg. des feuillets, 0.115.   App^t à Mme ERNEST OSTERRIETH à Anvers.
Catal. expos. 1888, N° 1367.

14. Chapelet en ivoire et ambre.

Il a appartenu à Catherine de Portugal, femme de
et Charles II.

Chaque grain porte deux effigies : une tête de mort,
une figure d'homme ou de femme.

XVIe siècle.

App^t aux DAMES ANGLAISES à Bruges.

15. Diptyque d'ivoire.

Dans une arcade trilobée, ornée de fleurons, un
groupe représentant l'Adoration des Mages, sur le
feuillet de gauche, le Christ sur la croix pleuré par la
Vierge, et les saintes femmes.

H. 0.125.
Larg. 0.185.

XVIe siècle.

App^t à Mme OSTERRIETH à Anvers.

16. Repos de Jésus,

ou petit lit en ivoire, servant de crèche pour l'Enfant
Jésus.

Long. 0,15.
Larg 0,07.

XVIe siècle.

App^t à Mme TULPINCK à Bruges.

17. Brassard d'Archer

en ivoire, représentant la Vierge entourée de rayons
issant d'un croissant de lune. Inscription *Ave Maria*.

H. 0,10.

XVIe siècle.

18. Deux volets de diptyque, travaillés en haut-relief.

Celui de droite représente l'Annonciation de la Vierge ; celui de gauche, l'Adoration de Jésus dans les bras de sa Mère.

App^t à M. Liégeois à Ypres.

19. Volet de diptyque,

divisé en deux parties : la partie supérieure, surmontée de cinq arcades ogivales fleuronnées, nous montre l'entrée de Jésus à Jérusalem ; la partie inférieure, le crucifiement.

H 0,12.   XVe siècle.

App^t à Mme E. Osterrieth à Anvers

20. Feuillet de diptyque.

Dans une arcade ogivale trilobée, soutenue sur deux colonnettes torses, un personnage couronné porte un ciboire. Un serviteur tient la bride de trois chevaux dont on voit la tête.

H. 0,89.   XVe siècle.

App^t à Mgr Simon, Aumônier de la Cour, à Laeken

21. Six plaques de nacre

sculptées et ajourées, provenant d'un coffret, et représentant des scènes du calvaire.

XVIe siècle.

Musée de la ville d'Ypres.

22. Médaillon en nacre,

gravé et ciselé, représentant l'*Ecce homo*.

XVIe siècle.

Musée de la ville d'Ypres.

23. Coffret en ivoire sculpté.

Les cinq faces sont divisées en panneaux surmontés d'arcades tribolées et de pignons allongés. Ils sont couverts de nombreux personnages religieux, civils et militaires.

H. 0,10.   XVe siècle.

App^t au Musée archéologique de Tournai.

24. Petit plat rond, en ivoire,

portant la tête de Saint Jean.
Une inscription circulaire court sur le marli.

XVe siècle.

App^t à M. le Baron Bethune à Bruges.

25. Bout de fuseau en ivoire,

représentant une dame coiffée du hennin.

XVe siècle.

App à M. Maertens à Gand.

1. Carreau de terre cuite émaillé,

représentant une tête de femme dans un cadre décoré de rosettes.

Provient du tombeau de l'abbé Quercctan, à Bruges.

0,285 × 0,55.   XIe siècle.

App^t au Musée Archéologique de Bruges.

2. Carreau de terre cuite

peinte et dorée, représentant, en bas-relief, l'image de la Vierge tenant l'enfant Jésus dans ses bras.

XVe siècle.

App^t au Musée archéologique de Bruges.

3. Disque de verre peint,

enchâssé dans du plomb, représentant l'entrée triomphale d'un prince monté sur un char traîné de quatre chevaux.

Diam. 0,225.   XVIe siècle.

App^t aux hospices de Bruges.

4. Disque de verre peint,

entouré d'une bordure fleuronnée, représentant un abbé de l'Abbaye des Dunes accompagné de son patron, adressant sa prière au Christ flagellé.

Diam. 0,235.   XVIe siècle.

App^t à Mlle Buysse à Bruges.

Série **G**. — Orfèvrerie civile et religieuse; objets en or, argent, émail.

---

1. Fibule dite de Childéric,

ornée d'un buste d'homme ; recueillie en 1652 dans le tombeau de ce roi mérovingien, mort en 481.

Elle est reproduite dans Cochet, *Le tombeau de Childéric Ier*, p. 208.

App^t à l'église St-Brice à Tournai.

Catal. expos. 1888 N° 22.

2. Petite fibule

en or, ornée de verroteries rouges, serties dans une espèce de cloisonné. Elle a la forme des abeilles trouvées dans le tombeau de Childéric, découvert à Tournai en 1652.

Peut-être Ve siècle.

App^t à Monsieur Van de Walle à Bruges.

3. Christ enlevé de la croix,

en bronze émaillé autrefois doré.

Une couronne à trois fleurons orne la tête, et une jupe émaillée de bleu et de blanc lui couvre les genoux.

H. 0.18.

L. 0.16.   XIe siècle.

App^t à M. Van Goidsenhoven à Bruxelles.

4. Grande croix fleuronnée d'autel ou de procession en laiton doré,

enrichie de cinq plaques d'émail.

Sur le fleuron droit se détache une statuette de la Vierge ; sur celui de gauche, un S. Jean. Sur le fleuron inférieur se voit un homme, les bras levés au ciel, les maintes jointes, chevauchant un...... ?

Sur le fleuron du sommet de la croix, un ange sortant d'un nuage, tend vers la terre ses mains pour bénir.

Deux des plaques émaillées portent des lettres gothiques dorées sur fond lapis; deux portent la silhouette d'un christ, et une représente un homme nimbé, à genoux, devant un vieillard, également nimbé, tenant une croix de la main droite.

La partie postérieure ciselée, représente les quatre animaux symboliques dans les fleurons. A l'intersection des branches, une plaque émaillée en champlevé montre le Père Éternel, assis dans une chaire, levant les bras pour bénir.

H. 0.54.   XIIe siècle.

L. des bras. 0.335.   App^t à M. Matthieu à Huy.

5. Chandelier d'autel,

en cuivre battu et émaillé. — La bobêche, la bague au nœud de la tige et le pied triangulaire, supporté par trois griffes, sont émaillés en champlevé ; la tige est simplement gravée : sur le pied trois sujets sont figu-

rés. Le tout était primitivement doré, les fonds étaient
en émail bleu-clair et bleu-foncé. Ce chandelier est en
bon état de conservation et parfaitement authentique,
mais il a été maladroitement nettoyé au sable.

H. c,244.

2ᵉ moitié du XIIᵉ siècle.

Appᵗ à S. A. S. Mgr le Duc d'Aremberg.

Catal. de la collection d'Aremberg.

6. Missel sur peau de vélin,

orné de neuf miniatures paginales et d'un grand nombre de lettres majuscules en or sur fond vert, bleu
et rouge. Première moitié du XIIᵉ siècle. La couverture, de la même époque, représente le Christ, assis
sur un trône, tenant de la main gauche le livre des
Évangiles, et levant la droite pour bénir. Cette figure
exécutée au repoussé, en haut relief, est entourée d'une
bordure en forte saillie, en cuivre doré, ciselé et gravé.
Le revers du volume est décoré d'une bordure divisée
en quatre compartiments par les branches d'une croix
rectangulaire ; cette bordure est également en cuivre
doré ; le milieu de la croix contient un médaillon en
argent, représentant l'Agnus Dei.

H. 0,275.

Larg. 0,20

Appᵗ à S. A. S. Mgr le Duc d'Aremberg.

Catal. de la collection d'Aremberg.

7. Reliquaire triptyque en chêne,

recouvert de plaques de cuivre rouge doré et émaillé. Les volets se terminent, à leur partie supérieure, par des arcs en plein cintre, et le panneau central par une arcade géminée de même forme. La partie inférieure du panneau central est occupée par un groupe de bustes en haut relief, disposés dans une espèce de tympan en plein cintre et figurant la résurrection des justes ; ils portent des nimbes avec ornements en or sur fond bruni. La partie supérieure du panneau renferme, au centre, une case rectangulaire avec l'inscription : « *Lignum vite* », où se place une petite croix servant d'habitacle à la relique.

Sous chacun des deux cintres du couronnement se trouve un ange tenant d'une main une hampe avec l'éponge, et soutenant de l'autre la case rectangulaire; ils symbolisent la vérité et le jugement. La retombée des deux archivoltes du couronnement vient s'appuyer au-dessus de cette case, sur une plaque d'émail champlevé, orné d'une figure d'Ange personnifiant la miséricorde. Sur le champ, on voit, au repoussé, le vase contenant le vinaigre et le fiel, la couronne d'épines et les quatre clous.

Chaque volet est orné des figures de six apôtres au repoussé, vus à mi-corps et placés deux à deux en trois rangs superposés. Au-dessus des deux cintres qui couronnent le panneau central, se trouve une frise ornée de gravures, de pierreries et d'un morceau de verre ; elle sert de base à un fronton semi circulaire dont le tympan est occupé par le buste du Christ, en ronde bosse, avec l'inscription : IHS, XPS. Le fronton est orné d'une bordure de plaques émaillées alternant avec des sertissures de pierreries, et couronnée par un crêtage ajouré et estampé. Les chanfreins, tant des volets que du panneau central, sont ornés de feuilles gravées et de petites concavités en forme de cercles et de quatre-feuilles.

H. 0,55.
Long. 0,52.

Ce triptyque fut, selon la tradition, donné par Robert, roi de France, à l'Empereur S. Henri qui l'offrit à l'église de Ste-Croix à Liége en 1006.

Cette tradition ne parait pas fondée, car le triptyque ne date que du XIIe siècle.

App^t à l'église Ste-Croix à Liége.
Catal. expos. 1888, N° 48.

8. Reliquaire-ostensoir

formé d'un cylindre en cristal de roche à cinq faces, dont deux sont ornées d'une série de baies trilobées gravées. Ce cylindre, placé horizontalement, porte, à ses deux extrémités, une bande filigranée en argent doré, semée de pierreries et se relevant en pignon décoré d'ornements sur ses deux rampants. Le cylindre est porté par une tige hexagone à nœud ciselé et garni de boutons losangés et émaillés, qui s'élève d'un pied hexagone allongé. On y voit encore les deux premières lettres D A, d'une inscription effacée.

H. 0,228.
Larg. 0,134.
Pied. 0,148 sur 0,106.

XIIe siècle.
App^t aux Carmélites de Tournai.
Catal. expos. 1888, N° 104.

9. Croix d'autel et de procession,

en argent repoussé et ciselé, sur une âme de bois.
Travail appartenant à la fin du XIIe siècle.

H. 0,39½.   App^t à S. A. S. Mgr le Duc d'Aremberg.
Larg. des bras. 0,28½.   Catal. de la collection d'Aremberg.

10. Triptyque émaillé ou autel domestique.

Sur chacun des deux volets, dans la partie inférieure, est représentée une scène de la Résurrection ; au-dessous plane un ange sonnant de la trompette.

Les revers des volets sont enrichis d'ornements dorés et de réserves, manière d'opérer identique à celle employée dans la couverture du Missel de St-Aubain à Namur. Cette manière n'existe que dans les productions de Liége et de Namur.

Provient de l'ancien trésor de l'Évêché de Liége.

H. 0,265.   1re moitié du XIIe siècle.
App^t à S. A. S. Mgr le Duc d'Aremberg.
Catal. de la collection d'Aremberg.

11. Reliquaire en argent,

en forme de côte humaine. Il est enrichi d'un gros cabochon de cristal de roche, et de quatre pierres de couleur. Il porte en deux lignes l'inscription :

    " *dit : reliquie van*
      Sinte Mechute. "

Au bas de la pièce, un écu, anciennement émaillé, portant :

    de ? à 3 besans.

Long. 0.18 sur 0.225.   App^t à Mgr Bethune à Bruges.

12. Croix en bronze,

enrichie d'émaux champlevés, supportant l'image, anciennement dorée, du Christ, couronné et vêtu d'un perizonium qui couvre les genoux.

H. 0,35.   Travail allemand du XIIe siècle.

App^t à M. Matthieu à Huy.

13 Pyxide en cuivre rouge, émaillé,

ornée de cercles et de feuillages. — Le couvercle conique, surmonté d'un disque percé de quatre trous, de manière à former une croix, est orné du même dessin. Émail terne très vitreux, remplissant mal les cavités réservées.

H. 0,12.   Fin du XIIIe siècle.

App^t à M. van Goidsenhoven à Bruxelles.

14. Pyxide en laiton doré et émaillé.

Le couvercle, conique, est surmonté d'une croix. — Toute la pièce est divisée en quatre cercles juxtaposés et se croisant, en émail rubis et blanc, contenant le dessin qui est une croix à huit branches, inscrite dans un cercle d'or.

Quelques palmettes complètent le décor. Coloration très riche.

H. 0.12.   XIIe siècle.

App^t à M. Matthieu à Huy.

15. Pyxide en laiton, émail et dorure anciens.

Le décor de la boîte et du couvercle conique consiste en sept médaillons, dont trois sur le couvercle, représentant des apôtres.

Les médaillons sont séparés par une espèce de fleur de lis inscrite dans un cercle.

H. o. 12.   XIIe siècle.

App^t à M Matthieu à Huy.

16. Porte-cierge en laiton,

se composant d'un pied hexagonal cisclé et émaillé champlevé, et d'une pointe creuse pour supporter le cierge.

Chacune des faces du pied est décorée d'un sujet religieux, femme à genoux, ange musicien, séparés par un médaillon contenant un animal fabuleux.

H. o. 11.   XIIe siècle.

App^t à l'Hopital de Damme.

17. Phylactère quatrilobé.

La face principale est couverte de filigranes semés de pierreries et de cabochons. L'habitacle des reliques, placé au centre du quatrilobe, est muni d'une petite porte carrée, décorée en nielle de la figure de l'apôtre S. André, entourée de rinceaux.

Autour de la relique on lit : " *+ in : hoc : vasculo : continentur: reliquiæ: Beati: Andree: Apostoli.* " Au revers, en gravure, le Christ bénissant de la droite, et tenant une boule de la gauche, au milieu de rinceaux; sur les lobes, les symboles des quatre évangélistes.

Diam. 0.24.　　　　　　　　　　Œuvre du Frère Hugo.

Premier quart du XIIIe siècle.

App^t aux Sœurs de N.-D. à Namur.

Catal. expos. 1888, N° 94.

18. Phylactère quatrilobé.

Au centre de la face principale, l'habitacle de la relique est disposé en losange avec porte émaillée vert et bleu. Inscription : + *hic: est: ivnctura: beate: Marie: de: Oignie:* Sur le revers, en gravure, le Christ assis sur un large banc, bénissant de la droite.

Diam. 0.10.　　　　　　　　1^r quart du XIIIe siècle.

Œuvre du frère Hugo d'Oignies

App^t à l'église Saint-Nicolas à Nivelles.

19. Reliquaire en cuivre doré et niellé

présentant la forme d'une colombe, monté sur un pied hémisphérique porté par trois griffes d'animal, décoré de rinceaux gravés se détachant sur un champ niellé. Les quatrilobes représentent le Crucifiement, la Vierge et S. Jean. Du sommet du pied naît une tourelle cylindrique percée de deux rangs de quatre-feuilles séparés par un rang de petites ouvertures circulaires et couronnée par un toit conique gravé, dont le sommet porte un nœud à six boutons losangés et niellés avec réserve de fleurs en métal à quatre pétales. Sur ce nœud s'élève une tige cylindrique munie d'un second nœud aplati décoré de trois mascarons et de trois bouquets de feuilles en relief. Ce nœud supérieur sert de point d'appui aux pattes de la colombe. Celle-ci porte une grosse améthyste sur la poitrine.

H. 0.47.   1re moitié du XIIIe siècle.

Appt aux Sœurs de N.-D. de Namur.

Catal. expos. 1888, N° 130.

20. Calice avec sa patène, en argent doré.

Pied circulaire décoré de dix plaques niellées en forme de feuilles lancéolées, sur lesquelles sont représentés le Christ en croix, la Vierge, S. Jean-Baptiste, S. Jean l'Évangéliste et six apôtres. Les écoinçons formés par les extrémités inférieures de ces plaques sont couverts de ciselures représentant des feuilles et des fruits. L'inscription suivante, en nielle, court le long de la plate-bande du pied : " † *Hugo me fecit : orate pro eo : calix ecclesiae beati Nicholai de Oignies : Ave.* '

Le nœud formé de dix côtés ciselés et niellés, du travail le plus délicat, se trouve placé entre deux bandes filigranées. Coupe hémisphérique largement évasée.

H. 0.187.   Appt aux Sœurs de N.-D. à Namur.

Diam. du pied 0.154.

Id. de la coupe, 0.146.

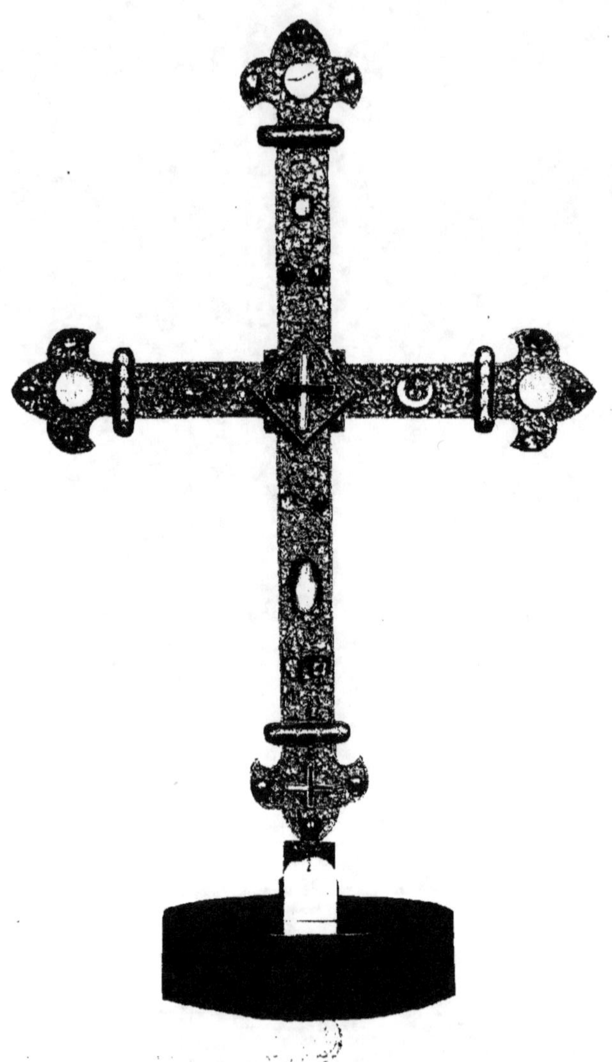

SÉRIE G. — 22. — Croix-reliquaire et processionnalle.
D'après une photographie de M. Gecele, Bruges.

20bis. Patène,

en forme de plateau avec marli. Au centre, en nielle, un médaillon circulaire renfermant une représentation de la Ste Trinité.

Œuvre du Frère Hugo d'Oignies.

Diam. de la patène. 0.175.

Premier quart du XIIIe siècle.

App^t aux Sœurs de N.-D. à Namur.

Catal. expos. 1888, N° 153.

21. Gobelet-reliquaire en argent.

Partie doré et niellé. Il présente la forme d'un gobelet légèrement évasé vers le sommet et est muni d'un couvercle bombé terminé par un anneau. D'élégantes bandes niellées représentant des feuillages et des animaux chimériques, montent en spirale autour du gobelet et alternent avec des bandes dorées.

H. 0.17.

Œuvre du Frère Hugo d'Oignies.

Diam. supér. 0.75.

Premier quart du XIIIe siècle.

Id. infér. 0.58.

App^t aux Sœurs de N.-D. à Namur.

Catal. expos. 1888, N° 129.

22. Croix-reliquaire et processionnale, en vermeil et cuivre doré.

La face principale est entièrement travaillée à jour ; feuillages et fleurettes d'un travail délicat semblable à celui qu'affectionnait le moine Hugo d'Oignies. Ce travail ressemble énormément à celui de la croix du même frère Hugo, appartenant aux Sœurs N.-D. à Namur, et à celui de la croix-reliquaire de l'église N.-D. à Walcourt.

La face est ornée, en outre, de vingt-quatre cabochons, et de deux pierres antiques ; sur la branche transversale : 1° une intaille représentant un lion marchant à gauche, et 2° un camée représentant la lune. — Cette face de la croix est entièrement en vermeil.

Le revers, fortement doré, est entièrement gravé et ciselé. A l'intersection des bras de la croix, le Christ est assis, bénissant de la main droite, et soutenant un globe de la gauche.

H. 0.59   Remarquable spécimen de l'orfévrerie des ateliers Mosans.
Larg. des bras. 0.40   Premier quart du XIIIᵉ siècle.

Appᵗ à S. A. S. Mgr le Duc D'AREMBERG.

23. Croix-reliquaire fleuronnée,

à double traverse, consistant en une âme de bois avec applications de plaques d'argent, en grande partie dorées. Elle est portée sur un pied triangulaire, qui est relié à la croix par une tige munie d'un nœud à dix côtes.

La face principale de la croix est couverte d'ornements en filigrane enroulés, figurant des rinceaux en relief montés à jour (Schnecken-filigran), semés de pierreries en cabochons. Deux habitacles, en forme de croix grecque et destinés aux reliques, sont fixés aux points d'intersection des traverses avec la branche verticale. Sept médaillons (dont six posés en losanges) finement niellés, sont placés au sommet de la croix, aux quatre extrémités des traverses et dans la partie inférieure de la branche verticale.

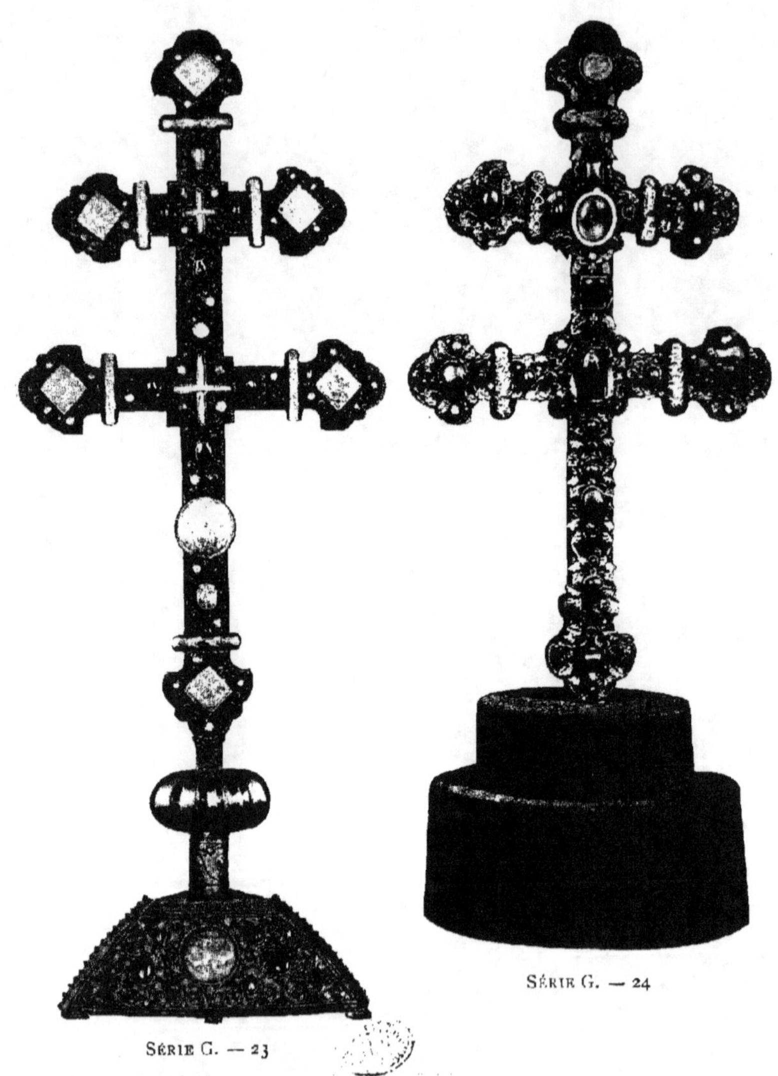

Série G. — 23

Croix=reliquaires fleuronnées.
D'après des photographies de M. Gecele, Bruges.

Ils représentent, en allant de haut en bas, et de gauche à droite, l'aigle symbolique de S. Jean, la Vierge, S. Jean, les animaux symboliques de S. Marc et de S. Luc, S. Nicolas, patron de l'abbaye d'Oignies (celui-ci dans un médaillon circulaire) et enfin, l'homme ailé, symbole de S. Mathieu.

Les revers sont décorés de plaques finement ciselées, figurant des rinceaux, des palmettes et des rosettes.

H. avec le pied. o.64 ;
Larg. de la plus grande traverse o.245.
H. du pied. o.17.

Travail du frère Hugo d'Oignies.
Premier quart du XIII⸗ siècle.
App^t aux Sœurs de N.-D. à Namur.
Catal. expos. 1888, N° 37.

24. Croix-reliquaire fleuronnée,

à double traverse, consistant en une âme de bois recouverte de lames en argent doré. Sur la face principale, on voit des feuillages et des fruits ciselés à jour et semés de pierreries.

A l'intersection de la branche verticale et de la traverse inférieure est enchâssée une petite fiole contenant de l'huile. Le revers est décoré de rinceaux gravés et de huit médaillons circulaires en argent niellé, représentant l'Agneau divin, les symboles des Évangélistes, la Ste Vierge, S. Jean, et un ange tenant en main le Soleil et la Lune.

H. o.26.
Long. de la traverse infér. o.146.

XIIIe siècle.

App^t à la Cathédrale de Tournai.
Catal. expos. 1888, N° 40.

25. Pied-reliquaire en argent,

en partie doré. Sur le devant du pied est fixée une petite fenêtre dorée et émaillée, et sur la lame qui ferme le reliquaire, on voit une figure en pied, la tête chevelue, les pieds nus et portant un livre. (Saint Pierre?)

Œuvre du Frère Hugo d'Oignies.
Premier quart du XIIIe siècle.

Appᵗ aux Sœurs de N.-D. à Namur.
Catal. expos. 1888, N° 75.

26. Pied-reliquaire en argent,

en partie doré. Sur le devant du pied duquel est fixée une petite fenêtre rectangulaire de verre, entourée d'une plate-bande couverte de feuilles estampées. Sur la lame qui ferme le reliquaire à la naissance de la jambe, est gravée et ciselée une figure d'évêque placée sous un dais entre des branches de feuilles.

Œuvre du Frère Hugo d'Oignies.
Premier quart du XIIIe siècle.

Appᵗ aux Sœurs de N.-D. à Namur.
Catal. expos. 1888, N° 74.

27. Reliquaire en vermeil et cuivre doré.

Posé sur une plinthe, S. Étienne est debout, le dos appuyé contre un panneau à cintre tribolé, et encadré

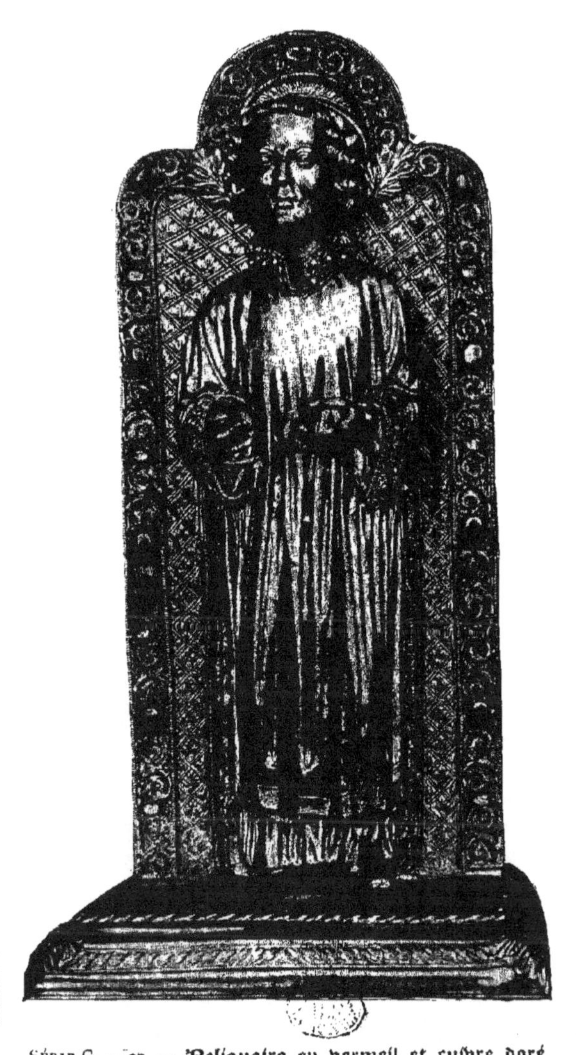

D'après une photographie de M. Gecele, Bruges.

d'un travail en filigrane, orné de pierres fines en cabochons.

H. 0.43. Travail du 1ᵉʳ tiers du XIIIᵉ siècle.
Larg. du pied : 0.22.

Ce monument précieux de l'orfévrerie mosanc provient des environs de Namur.

Appᵗ à S. A. S. Mgr le Duc d'Aremberg.
Catal. de la collection d'Aremberg.

28. Reliquaire-ostensoir en argent doré.

Le pied, qui repose sur trois animaux chimériques,
est formé de six plaques niellées, réunics dans une
monturc en argent doré et représentant des scènes de la
légende de S. Nicolas. Du pied naît une tige cylindrique décorée de rinceaux niellés et cantonnée de six
colonnettes cylindriques dorées.

Cette tige s'évase au sommet, pour servir de base à
un clocheton pyramidal hexagone ajouré, composé de
six contreforts doubles posés sur les angles de l'hexagone et encadrant des arcatures trilobées couronnées de
gâbles. Dans le clocheton ajouré est placé un cylindre
vertical en cristal de roche, enchâssé à sa base dans
une bande métallique, sur laquelle sont appliquées six
figures d'anges portant des cierges ou balançant des
encensoirs.

Dans le tympan de chaque arcature se trouve un
buste de prêtre ou de saint, tenant les mains jointes.
Le groupe d'arcatures est réuni sous un pinacle élancé,

dont les arêtes sont décorées de crochets très rapprochés.

H. 0.69.

Les plaques niellées et le pied sont l'œuvre du Frère Hugo d'Oignies, qui vivait au commencement du XIIIe siècle.

Le clocheton et toute la partie architecturale sont d'une époque plus récente, probablement du XIVe siècle.

App[t] aux Sœurs de N.-D. à Namur.

Catal. expos. 1888, N° 106.

29. Crosse en cuivre rouge doré et émaillé en bleu lapis.

La virole est ornée de trois lézards, dont les queues recourbées arc-boutent le nœud de la crosse.

Ces lézards ont le dos incrusté de turquoises. Le nœud est à huit côtes et orné de turquoises et de boutons dorés. Une petite couronne portant huit palmettes le surmonte. A l'intérieur de la volute, qui est décorée de crochets et terminée par une touffe de feuilles, on voit S. Martial recevant, à l'autel, la tête de Ste Valérie.

H. 0.301.

Travail limousin du XIIIe siècle.

App[t] à la Cathédrale de Bruges.

Catal. expos. 1880, N° 284.

30. Évangéliaire du XIIIe siècle.

La reliure en émaux et or repoussé a beaucoup souffert.

Elle représente un Saint doré assis sur une chaise.

La bordure se compose de cinq bustes émaillés en champlevé, et de six images d'apôtres en pied, émaillés en champlevé. Dans le texte sur vélin, quelques lettrines seulement.

H. 0,245.   App¹ à S. A. S. Mgr le Duc d'Aremberg.
Larg. 0,15.   Catal. de la collection d'Aremberg.

31. Partie supérieure d'un reliquaire-ostensoir,

en vermeil, orné d'émaux translucides.

La pièce quadrangulaire terminée par deux pignons larges, et deux plus étroits décorés de clochetons fleuronnés a sur les côtés deux émaux translucides sur fond d'azur, représentant : l'un, la salutation de l'Ange, l'autre, la Mère de Dieu.

Débris incomplet d'une pièce fort intéressante.

H. 0.155.   XIVᵉ siècle.
L. 0.10.

32. Chef-reliquaire de S. Barthélemi.

La figure est d'argent ; les cheveux et la barbe sont dorés et abondamment frisés.

Argent martelé.   XIVᵉ siècle.
              App¹ à M. Delbar à Mouscron.

33. Ostensoir ogival,

formé d'une arcade trilobée hexagonale, surmontée d'un calvaire, composé de la croix et des statuettes de la Vierge et de S. Jean.

Le pied, en losange hexagonal allongé repose sur six

petits lions angulaires, et est décoré de six médaillons quatrilobés.

Au bas de la tige sont ménagées six petites arcatures, dont deux géminées, sertissant un tube de cristal contenant une relique.

Le nœud de la tige est très ouvragé, et orné de six carrés émaillés, entourés de chicorées.

Malheureusement la pièce a été redorée à neuf.

H. o 455.   Fin du XIVe siècle.

App^t à l'église de St-Quentin à Hasselt.

34. Reliquaire-ostensoir,

en bronze doré, en forme de lanterne sur pied.

Le calice, en cristal de roche ciselé, est surmonté d'un toit légèrement conique terminé par un nœud à six petits médaillons losangés en nielle, représentant des fleurs de lys.

Le même nœud se retrouve sur la tige. — Le pied circulaire est uni.

H. o. 26.   XIVe siècle.
Larg. o. 950.   App^t aux Sœurs de N.-D. à Namur.
Diam. du pied.

35. Petit reliquaire hexagone.

En cristal de roche, monté en argent, terminé par un toit conique, supportant un crucifix. La monture du tube de cristal est en argent gravé, doré et niellé.

Le couvercle est relié à la partie inférieure par deux bandes de métal, à charnières également ciselées.

Le pied rond évasé se termine par un nœud à quatre chatons où sont représentés des animaux chimériques,

H. o. 295.   XIV⁰ siècle.

Diam. du pied o. 850.   Appᵗ aux Sœurs de N.-D. à Namur.

36. Baiser de paix en vermeil.

Il a la forme d'un portique ogival fleuronné, supporté par deux colonnettes torses. — Au centre, une nielle, représentant Ste Catherine, l'épée à la main. — Une religieuse en prières, est agenouillée à ses pieds. Sur une banderole les mots, *orate pro me.*

H. o.12.   XIV⁰ siècle.

Appᵗ à M. Liégeois à Ypres.

37. Ciboire en cuivre doré et ciselé.

Pied rond, tige hexagone munie d'un nœud à douze côtes, coupe sphérique, légèrement aplatie.

Couvercle attaché par une charnière, surmonté d'une croix avec l'image du Christ.

H. o.30.   XIV⁰ siècle.

Appᵗ à l'église Ste-Croix à Liége.

38. Croix-reliquaire en vermeil.

Elle supporte un petit crucifix, et est décorée d'un grand nombre de pierres fines non taillées.

Elle porte, à l'extrémité de ses branches trilobées, quatre émaux translucides, représentant les animaux symboliques. Le revers est orné de très simples arabesques gravées.

Son pied, en laiton doré, est d'une époque moins ancienne.

H. 0,32.   1re moitié du XIVe siècle.

Larg. des bras, 0,175.   App^t à S. A. S. Mgr le Duc d'Aremberg.

Catal. de la collection d'Aremberg.

39. Reliquaire gothique en cuivre doré.

Le cylindre en cuivre porte une lucarne obturée par une plaque de corne, abritant la relique.

Sur son milieu supérieur, se dresse un clocheton à six contreforts surmonté d'une croix à branches. A droite la Vierge, à gauche S. Jean.

Le pied manque.

La tige rectangulaire est ornée d'un nœud aplati.

H. 0,37.   XIVe siècle.

App^t à S. A. S. Mgr le Duc d'Aremberg.

40. Ciboire en argent, encore doré en partie.

La croix qui le surmonte, se détache; le couvercle de la coupe, retenu par une charnière, peut s'enlever, et sert alors de patène pour la communion.

La tige hexagone est coupée par un nœud où se voient deux écussons et quatre oiseaux fantastiques gravés.

H. 0. 39.   Seconde moitié du XIVe siècle.

Diam. de la coupe : 0. 14.

App^t à S. A. S. Mgr le Duc d'Aremberg.

Catal. de la collection d'Aremberg.

41. Bille ou mors de chape.

De forme circulaire, elle représente une enceinte continue de fortifications dont le pied, à la partie antérieure, est battu par les vagues. La partie inférieure de ces vagues est bordée par une tresse de fils dorés et argentés tordus. Au centre du mors, une femme assise, habillée d'une robe de vermeil, aux plis harmonieux, tient de la main droite un écu sommé de la couronne impériale, portant : d'or à l'aigle bicéphale, et brochant sur le tout, un écu écartelé. De la main gauche, elle tient un écu émaillé de gueules, portant un château-fort d'argent, qui est de Tournai.

Pièce d'argent et de vermeil, fin du XVe siècle.

Diam. 0.15.

Appt à la Cathédrale de Tournai.

42. Reliquaire-ostensoir en laiton doré et en partie émaillé.

Le pied rectangulaire supporte une tige aplatie qui va en s'élargissant vers le haut et montre un écu émaillé, de forme gothique, étant de gueules à 3 anneaux d'or.

Le verso forme volet à deux charnières portant un médaillon circulaire gravé au centre.

H. 0. 365.

Larg. du pied 0. 10.

Appt à M. Matthieu à Huy.

42bis. Châsse de S. Ghislain,

en forme de coffret terminé par un toit à double versant. Elle est composée de plaques de cuivre doré, avec émaux champlevés, ayant appartenu primitivement à deux autres châsses. Il y a six grandes plaques et vingt-trois petites. Les six grandes représentent les personnifications de vertus ; sur les pignons : *A*. la Tempérance, *temperantia*, femme tenant en main un livre où on lit : *non concupisces rem proximi tui ; B.* la Charité, *Caritas.*

Sur les longs côtés : 1° la patience, *patientia ;* 2° l'espérance, *spes*, avec l'inscription : *non assumes nomen Dei tui in vanum ;* 3° la foi, *fides*, avec l'inscription : *Dominus Deus tuus unus est ;* et 4° la pureté, *pudicitia*, avec l'inscription : *non mechaberis.*

La restauration de ce petit monument, faite il y a quelques années, est loin d'être heureuse.

Appᵗ à l'ÉGLISE DE ST-GHISLAIN à St-Ghislain.
Catal. expos. 1888, N° 58.

43. Reliquaire pour conserver un maxillaire.

Le pied rectangulaire à quatre nervures, est orné de la figure de quatre anges ; la tige, coupée par un nœud en forme de coussin aplati, supporte le reliquaire, qui est décoré sur sa face, de l'image du Crucifié, accosté de deux niches ogivales renfermant les images minuscules de la Vierge et de S. Jean. — Sur la partie surplombante sont répétées les mêmes niches abritant un Saint et une Sainte. Au revers, deux fenestrages ogivaux, surmontés de deux cabochons et de deux Anges affrontés.

H. 0,245.   XVᵉ siècle.

Larg. du pied, 0,14.   Appᵗ aux Sœurs de N.-D. à Namur.

44. Groupe reliquaire en or.

Base hexagone allongée, portant deux fois répétée l'inscription : « *C. M. Je lay emprins,* » devise de Charles le Téméraire. Le duc de Bourgogne est représenté revêtu de son armure, agenouillé sur un coussin et tenant de ses deux mains un petit reliquaire hexagone renfermant une relique de S. Lambert. Son casque est posé devant lui, et à chacun de ses côtés un gantelet.

Derrière lui se tient debout S. Georges armé, soulevant son casque de la main droite, et posant la gauche sur l'épaule du duc. A la droite du Saint, on voit son signe iconographique, le dragon ailé.

Long. de la base 0,34.
Larg. id. 0.53.
H. du groupe 0,53.

Ce groupe, qui date de l'année 1471, est l'œuvre de Gérard Loyet, et constitue un don expiatoire offert par Charles le Téméraire à la cathédrale de St-Lambert à Liége, après les sacs des villes de Dinant et de Liége.

Appᵗ à la Cathédrale de St-Paul à Liége.

Catal. expos. 1888, Nᵒ 139.

45. Reliquaire-ostensoir en argent.

L'ossuaire cylindrique, en cristal de roche, est terminé, à chaque extrémité, par une plaque en forme de pignon agrémenté de clochetons, — et contenant la statuette dorée d'une Sainte. — Il est placé sous une tourelle ajourée s'appuyant par deux contreforts, aux pignons des extrémités. Il contient une statuette de la Ste Vierge.

La tige coupée d'un globe aplati, formant nœud, est octogone ainsi que le pied.

II. 0,30.　　　　　　　　　　　　　　　XVIᵉ siècle.

Appᵗ à Mɢʀ Sɪᴍᴏɴ, Aumônier de la Cour.

46. Calice en argent doré.

Pied à huit lobes, avec frise décorée de quatre-feuilles à jour, inscrits dans des cercles. Sur les lobes sont gravés : a) le Christ en croix ; b) la donatrice à genoux accompagnée de la Vierge, debout sur un croissant, entourée d'une auréole et couronnée d'étoiles. Elle tient sur les bras l'Enfant Jésus qui joue avec un petit moulin ; c) S. François d'Assise ; d) Ste Catherine ; e) Ste Barbe ; f) Ste Gertrude avec un livre ouvert et des souris grimpant le long de la crosse qu'elle tient ; g) S. Jean l'Évangéliste ; h) Ste Claire portant un ostensoir.

La base de la tige et la fausse coupe sont richement ciselées ; la tige et le nœud, travaillés à jour.

Au-dessous du pied se trouve gravée l'inscription : *Gertrudis Beckers, me fieri fecit, orate pro ea anno Domini 1493.*　　　　　　　　　　XVᵉ siècle.

H. 0,216.　　　Appᵗ à Son Ém. le Cardinal Aʀᴄʜᴇᴠᴇ̂ǫᴜᴇ ᴅᴇ Mᴀʟɪɴᴇs.

Diam. du pied 0,182.　　　Catal. expos. 1888, Nᵒ 155.

Id. de la coupe 0,125.

47. Calice en cuivre doré, avec patène.

Pied à huit lobes arrondis ; tige cylindrique munie d'un nœud à huit côtés, dont quatre avec rosettes repoussées et ciselées ; coupe conique.

H. 0,18   XVᵉ siècle.

Diam. du pied. 0,12   Appᵗ à l'ÉGLISE St-PAUL à Anvers.

Id. de la coupe 0,105.   Catal. expos. 1888, Nº 154.

48. Reliquaire en argent doré, en forme de lanterne.

L'ossuaire, en verre, est surmonté d'une coupole en verre bombé que domine une statuette de Ste Catherine.

La tige, octogone, porte une bague et un nœud.

H. 0. 25.   XVᵉ siècle.

Diam. du pied 0. 107.   Appᵗ à S. A. S. Mgr le Duc d'AREMBERG.

49. Ciboire en bronze, martelé, dorure ancienne.

Le couvercle, bombé, se termine par un clocheton architectural imbriqué, roman, supportant une croix moderne.

H. 0,29

Diam. de la coupe 0,127.

1ʳᵉ moitié du XVᵉ siècle.

Appᵗ à S. A. S. Mgr le Duc d'AREMBERG.

Catal. de la collection d'Aremberg.

50. Reliquaire-ostensoir,

dit de S. Hubert, consistant en une corne de buffle, montée en argent. Pied à huit lobes. La tige, octogone, qui naît d'un petit édifice à huit pans, porte un nœud sphérique aplati, orné de huit boutons sertissant des pierreries. Du sommet de la tige partent deux branches qui se bifurquent vers leur sommet et finissent en têtes de monstres. C'est sur ces branches que vient se poser la corne, qui est munie de quatre bandes en filigrane d'argent.

H. 0,40   Fin du XVe siècle.

Long. 0,44.   App' à l'ÉGLISE ST-CHARLES, à Anvers.

Diam. du pied : 0,20 sur 0,17.   Catal. expos. 1888, N° 124.

51. Croix d'autel ou de procession,

en cuivre doré repoussé et ciselé.

Sur la face, le Christ en croix et les emblèmes des quatre Évangélistes; emblèmes qui se trouvent répétés sur le revers de la croix.

H. 0. 33.   Travail du XVe siècle.

Larg. des bras de la croix : 0. 275.

App' à S. A. S. Mgr le DUC D'AREMBERG.

Catal. de la collection d'Aremberg.

52. Reliquaire en argent doré, en forme de croix.

Le cylindre, en cristal de roche, s'appuie sur la tige losangée et lobée, et y est maintenue par quatre gâbles faisant office de contreforts. — Il est surmonté d'un clocheton à fenestrages ogivaux.

Les extrémités du cylindre sont fermées par des disques de vermeil, portant un gland au centre.

H. 0.36.   XVᵉ siècle.
Larg. du pied 0.16.   Appᵗ à S. A. S. Mgr le Duc d'Aremberg.

53. Reliquaire-ostensoir en argent.

Pied à six lobes avec écusson armorié ; tige hexagone munie d'un nœud à six boutons circulaires. Le cylindre, en cristal, est placé horizontalement sous une tourelle ajourée. Les deux extrémités du cylindre se ferment au moyen de plaques circulaires ciselées représentant S. Jean-Baptiste et S. Jean l'Évangéliste.

H. 0.29.   XVᵉ siècle.
Larg. 0.08.   Appᵗ à Mᵐᵉ Ernest Osterrieth à Anvers.
Diam. du pied. 0.22.   Catal. expos. 1888, Nᵒ 118.

54. Grande croix d'autel ou de procession,

en argent repoussé et ciselé. Dans les quatre fleurons, l'Ange et les animaux symboliques, en haut relief de vermeil. Au centre, le Christ bénissant est assis sur un siège semi-circulaire.

La croix est bordée de légers fleurons, et décorée de rinceaux entrelacés.

H. 0.30.   XVᵉ siècle.
            Appᵗ à M. Léon Cardon à Bruxelles.

55. Plaque en argent battu niellé et gravé.

Un ange tient en main une banderole avec l'inscription : *Beati misericordes, quo. ipsi mis-cordiam* (sic) *consequnt.*

Le fond est semé alternativement de bandes transversales, occupées les unes par un dessin continu de fleurettes, les autres, par des carrés formés de deux motifs, toujours les mêmes.

Une bordure de dessin continu encore, de palmettes et de volutes, encadre la pièce. — Paraît provenir de la couronne de lumière d'Aix-la-Chapelle.

H. o. 235.   XIIᶜ siècle.

Larg. o. 105.   Appᵗ à M. Matthieu à Huy.

56. Ostensoir en argent repoussé et ciselé.

Le cylindre destiné à recevoir l'hostie est renfermé entre deux contreforts chargés de clochetons, sur lesquels deux arcs-boutants viennent s'appuyer ; ces arcs supportent une flèche gothique de forme hexagone, à l'intérieur de laquelle est placée une statuette de la Ste Vierge.

Le pied est à huit lobes, et le nœud de la tige est orné de chatons.

Quatre petites figures, en ronde-bosse, ornent les contreforts.

H. 0,635.   1ᵉʳ tiers du XVIᶜ siècle.

Diam. du pied, 0,195.   Appᵗ à S. A. S. Mgr le Duc d'Aremberg.

Larg. 0,17.   Catal. de la collection d'Aremberg.

57. Reliquaire en bronze doré, repoussé et ciselé.

Le cylindre ou ossuaire est en cristal de roche, fermé à ses extrémités par des disques bombés et repoussé de godrons.

Le tout est surmonté d'une arcature gothique, supportant une croix.

Le pied est postérieur.

H. 0.33.   XVIᵉ siècle.

Larg. 0.195.

Diam. du pied 0.135.   Appᵗ à S. A. S. Mgr le Duc d'Aremberg.

58. Collier de chef-homme d'une gilde d'arquebusiers, en argent repoussé et ciselé.

Il est composé de vingt et un chaînons en forme de rinceaux, ayant, au centre, deux flèches en sautoir, et le briquet de Bourgogne. A la plaque centrale, portant en sautoir deux épées et deux arquebuses, sont suspendus : *a)* un pendentif en forme d'arcade ogivale ornée de feuillage sous laquelle on voit des statuettes de S. Georges et d'un saint Roi, tenant en main une croix, séparés par un écusson émaillé avec griffon ; *b)* un papegai; *c)* un médaillon ajouré, représentant S. Georges terrassant le dragon.

Commencement du XVIᵉ siècle.

Appᵗ à Mᵐᵉ Ernest Osterrieth à Anvers.

Catal. expos. 1888, Nᵒ 3502.

59. Collier en argent et vermeil de la Gilde des Archers de Ste-Croix-lez-Bruges.

Il se compose de trois parties réunies à charnière :

Sur la partie antérieure, l'aigle impériale couronnée sur un écu accosté de deux lions héraldiques, puis un faisceau de six flèches et des rinceaux pouvant figurer des lettres enlacées.

Sur la partie postérieure, d'un côté, l'écu de Jérusalem, de gueules à la croix d'or cantonnée de quatre petites croix, de l'autre, un écu de gueules, barré d'or aux six besans de même, ayant pour tenants des hippogriffes.

Fin du XVIe siècle.

App^t à la GILDE DES ARCHERS DE Ste-CROIX-LEZ-BRUGES.

60. Collection de quatre colliers de gildes,

en vermeil de la fin du XVIe siècle, agrémentés de papegais, d'insignes et de médailles.

Un cinquième est formé de deux médaillons, l'un en forme de disque, l'autre d'écusson, accompagnés d'un papegai et d'une arquebuse, le tout de la fin du XVe siècle.

App^t à M. LÉON CARDON à Bruxelles.

61. Collier de gilde en vermeil et argent.

On lit dans les comptes de la ville de Dixmude :

Au 1er mai 1553. " Payé à Hubrecht Ruthelingen pour un nouveau collier donné à la gilde St-Georges par Jacob Cambier, en sa qualité d'empereur, en vertu d'une convention faite avec lui, portant que le collier reviendra à la gilde après la mort du donateur, la somme de 26 livres parisis. "

Actuellement le collier appartient à la Société d'archers
« Willem Tell » de Dixmude.

62. Baiser de paix, en bronze autrefois émaillé en champlevé.

Sujet : le calvaire : Jésus sur la croix qu'éclairent le Soleil et la Lune, est accosté par la Vierge et S. Jean.

XVIe siècle.
App^t à M. Matthieu à Huy.

63. Baiser de paix en argent doré.

La plaque ogivale du fond, accostée de deux clochetons fleuronnés, contient un Christ en croix, accosté de la Vierge et de S. Jean, assis.

H. a. 15.   XVIe siècle.

App^t à M. Matthieu à Huy.

64. Croix de Thérouanne, en cristal de roche et vermeil, enrichie d'émaux.

Provient de l'abbaye de Thérouanne, près d'Arras, détruite au XVIe siècle.

XVe siècle.
App^t à l'église St-Martin à Ypres.

65. Chrismatoire triple, en argent en partie doré.

Les trois ampoules, en forme de gourdes, sont placées sur un plateau rectangulaire, appuyé aux quatre angles sur des figures d'anges agenouillés ; de ces angles s'élèvent quatre piliers présentant la forme de contreforts couronnés de pinacles, qui supportent un dais à double versant. A la naissance du toit, on voit une jolie galerie fleuronnée ; le crêtage du faîte est interrompu, au milieu, par une tourelle crénelée qui sert de base à une statuette de S. Michel.

H. 0.275 ;   XVᶜ siècle.
Pied. 0.194 sur 0.138.

Appᵗ à l'ÉGLISE ST-MICHEL à Louvain.
Catal. exp. 1888, nᵒ 176.

1. Serrure de bahut

en fer forgé et ciselé. — Les quatre coins de la plaque d'attache s'allongent et se terminent par les disques ajourés, finement découpés et repercés.

La serrure proprement dite est recouverte par un double étage de fenestrages ajourés.

H. 0,30.   XVIe siècle.

App[t] à M. van Goidsenhoven à Bruxelles.

2. Serrure de bahut,

en fer forgé et ciselé, de forme carrée. Elle représente un fonds d'ogives et de flammes repercées à jour, encadré, d'une large bordure d'ogives trilobées. Les quatre clous d'attache ont la tête ciselée.

La plaque formant abattant est ornée d'un serpent.
H. 0,20.

L. 0,20.   App[t] à M. van Goidsenhoven à Bruxelles.

3. Serrure de porte,

rectangulaire, représentant le couronnement d'un portique terminé par une ogive encadrée de deux clochetons. A droite et à gauche, deux fenestrages de plein cintre ajourés.

H. 0,10.

Long. 0,35.   XVIe siècle.

App[t] à M. van Goidsenhoven à Bruxelles.

4. Collection de six clefs gothiques,

à tige ronde octogone et torse.

Les anneaux en fer ciselé encadrent un treillis ajouré, découpé de différentes manières.

XVe et XVIe siècles.

App^t à M. van Goidsenhoven à Bruxelles.

5. Cadenas d'aumônière,

en fer martelé, représentant un château-fort, couvert de tourelles.

H. 0,09.   XVIe siècle.

Larg. 0.11.   App^t à Mme Ernest Osterrieth à Anvers.

6. Porte-ciseaux,

en fer découpé, ciselé et repercé à jours.

XVIe siècle.

App^t à M. van Goidsenhoven à Bruxelles.

7. Canon vulgairement appelé Veuglaire.

Pièce cylindrique en fer forgé renforcée de manchons, du diamètre de 0^m31 à la bouche.

Se chargeait au moyen d'une boîte de culasse remplie de poudre que l'on ajustait avec des coins.

Long. 2 m.

XVe siècle.

App^t au Musée archéologique de Bruges.

8. Veuglaire (de Vogheleer)

en fer forgé renforcé de manchons, sans tourillons. Se chargeant par la culasse au moyen d'une boîte à poudre qu'on maintenait par les coins.

Porte sur le cylindre un anneau qui servait à manœuvrer la pièce.

Diam. de la bouche, 0,21.   XVᵉ siècle.
Long. de la pièce, 2,23.

Appᵗ au Musée archéologique de Bruges.

9, 10, 11, 12, 13. Quatre arbalètes et un cranequin.

Elles sont annoncées par la Compagnie Royale des Arbalétriers de Visé, près de Liége, comme ayant appartenu à Marguerite de Parme, 1538, et au Duc d'Albe.

Appᵗ à la Cⁱᵉ Rˡᵉ des Arbalétriers de Visé, près Liége.

14. Coffret en bois peint et doré.

L'extérieur est divisé en compartiments carrés mesurant 0ᵐ15 sur chaque côté et décorés de plaques en cuivre doré découpées en roses de deux différents dessins.

On compte quatre de ces roses sur chaque long côté, et trois sur chaque côté étroit; il y en a, sur le couvercle, douze disposées sur trois rangs. Sur la face intérieure du couvercle, au centre, dans un médaillon circulaire, le Couronnement de la Vierge en peinture, sur fond argent. Aux quatre angles, également dans un médaillon circulaire, mais plus petit, les animaux symboliques des Évangélistes.

Long. 0.45.   XIIIe-XIVe siècle.
Larg. 0.35.   App^t aux HOSPICES CIVILS DE BRUGES.
H. 0.17.   Catal. expos. 1888, N° 1183.

15. Coffret en fer

forgé et ciselé, à toit bombé, couvert d'ornements ajourés.

Il est élevé sur quatre pieds en forme de contreforts. — Les ciselures des quatre côtés ont disparu.

H. 0,175.   XIIIe siècle.
L. 0,22.   App^t à M. EUG. SOIL à Tournai.

16. Coffret en bois

recouvert de cuir ciselé.

Le couvercle a deux versants et une crête plate.

Il est bardé de fer et décoré de volutes et de rinceaux découpés dans le cuir.

H. 0,16.   XVe siècle.
L. 0,33.   App^t à M. EUG. SOIL à Tournai.

17, 18, 19, 20, 21. Collection de cinq coffrets

en bois recouvert de cuir.

XVe siècle.

App^t aux HOSPICES DE BRUGES.

22. Coffret en bois recouvert de cuir ciselé,

représentant des oiseaux au milieu de rinceaux. Il est bordé de fers dorés, ornés de rosettes et de boutons. Sur la bande de fermeture attachée au bas du couvercle, se montrent huit boutons émaillés en rouge ayant une rosette d'or au milieu.

H. 0.11.   XVᵉ siècle.

L. 0.185.   Appᵗ à Mᵐᵉ MAYER VAN DEN BERGH à Anvers.

23. Coffret en bois

recouvert de cuir ciselé et taillé, représentant des arbres et des feuilles, dans des rinceaux feuillus. Il est bardé de fer, et de pentures attachées par de gros clous saillants.

Sur les côtés, on remarque, sous une couronne feuillue, le chiffre quatre fois répété : ℬ⁊

H. 0.10.   XVᵉ siècle.

Larg. 0.22.   Appᵗ à Mᵐᵉ MAYER VAN DEN BERGH à Anvers.

24. Coffret en bois de cuir ciselé et gravé.

Le couvercle bombé, bardé de fer porte des fleurettes et des lettres.

H. 0.12.   XVᵉ siècle.

L. 0.22.

Appᵗ aux HOSPICES DE BRUGES.

25. Coffret en bois

recouvert de cuir bouilli et ciselé.

Sur le couvercle bombé, divisé en quatre parties égales, par les bandes de fer, se lit le mot **Adam**, en lettres gothiques.

Les côtés portent des V.

XVᵉ siècle.

Appᵗ aux Hospices civils de Bruges.

26. Coffret oblong,

recouvert de cuir ciselé. Le couvercle et la partie antérieure sont couverts d'un riche dessin de fleurs, que coupe une banderole sur laquelle sont inscrits: *Ihesus, Maria*; deux passants existent sur les côtés, pour les courroies qui servaient à porter l'objet.

H. 0·950.
Long. 0.185.

XVᵉ siècle.
Appᵗ à Mᵐᵉ Mayer van den Bergh à Anvers.

27 Boîte en bois

recouvert de cuir ciselé. — Le couvercle et les parois sont divisés en carrés séparés par des bandes. — Chaque carré est orné d'une volute fleurie.

H. 0,095.
L. 0,240.

XVIᵉ siècle.
Appᵗ aux Hospices civils de Bruges.

28 Coffret de voyage, rectangulaire, en fer ciselé.

Les parois sont couvertes d'ornements ajourés flamboyants. La serrure est ornée de colonnettes ciselées.

Quatre anneaux sur les parois latérales sont utilisées pour transporter la caissette.

H. 0.13.   XVIe siècle.
L. 0.25.   App^t à M. Eug. Soil à Tournai.

29. Coffret de voyage

en fer forgé et ciselé, élevé sur quatre pieds d'angle. Le couvercle est bombé, et les deux faces latérales sont décorées d'un fenestrage ajouré, maintenu par des contreforts en angle droit.

H. 0,175.   XVIe siècle.
L. 0,24.   App^t à M. Eug. van Herck à Anvers.

30. Petit coffret en fer ciselé,

à secret, à couvercle bombé.

Il est maintenu sur quatre pieds d'angle, et orné des quatre côtés, ainsi que sur le couvercle de fenestrages et d'ornements à jour.

H. 0,165   XVIe siècle.
Larg. 0,20.   App^t au Baron Bethune à Gand.

31. Petit coffret en bois

couvert de cuir ciselé, à couvercle bombé. Il est bardé de fer clouté de cuivre, et porte sur son couvercle, les noms de Jhésus et Maria, ayant encore quelques traces d'ancienne dorure.

H. 0,09.   XVe siècle.
L. 0.145.   App^t aux Hospices de Bruges.

32. Étui cylindrique

en cuir bouilli, tailladé et ciselé. La partie supérieure porte l'inscription circulaire : " *O Mater Dei memento m.* "

La partie inférieure, les images de S. Pierre, de S. Paul et du Christ en croix.

H. o 21.   XVIᵉ siècle.

App' aux HOSPICES CIVILS DE BRUGES.

33. Écrin à bijoux,

de forme circulaire, en bois recouvert de cuir ciselé.

Sur le couvercle, formant réserve au milieu de rinceaux, deux disques unis pour y frapper une inscription.

Le pourtour de la boîte est quadrillé.

H. 0,750.   XVIᵉ siècle.
Diam. 0,250.   App' aux HOSPICES CIVILS DE BRUGES.

34. Coffret en cuir bouilli,

taillé et ciselé, à deux serrures authentiques à contreforts.

Le couvercle se divise en deux parties, chaque partie ayant sa serrure. Poignée au sommet.

H. 0.15.
Long. 0.59.   XVIᵉ siècle.

App' à M. EUG. SOIL à Tournai.

35 Pupitre, en bois recouvert de cuir ciselé,

à contreforts et serrure de fer. Le coussin supérieur, probablement capitonné et recouvert d'étoffe, a disparu.

H. 0.175.   XVIe siècle.

L. 0.265.   App^t à M. Eug. Soil à Tournai.

36. Écritoire pupitre, en bois de cèdre.

Le revers du couvercle porte une figuration de scènes de la vie de Jésus, en dessin brûlé dans le bois; le fond est un quadrillé fait au poinçon. Une bordure en rinceaux encadre la scène principale.

XVIe siècle.

App^t au Baron Bethune à Bruges.

Noms des Exposants.

A.

S. A. S. Mgr le Duc d'Aremberg, à Bruxelles.
M. le Comte d'Assche, à Bruxelles.
Anvers (église St-Charles Borromée).
Anvers (église St-Paul).

B.

Baelen s/Nèthe (église de).
M. Charles Baus, à Ypres.
Mgr Bethune, à Bruges.
Baron J. Bethune, à Bruges.
Bruges (musée archéologique).
Bruges (église Notre-Dame).
Bruges (église St-Sauveur).
Bruges (Hospices civils).
Mme Buysse, à Bruges.

C.

M. Léon Cardon, à Bruxelles.
Cinquantenaire (Musée du), à Bruxelles.

D.

Damme (église de).
Deerlyk (église de).
M. Delval, à Mouscron.

G.

Gilde des Archers, à St André-lez-Bruges.
Gilde des Archers à Dixmude.
Gilde de St-Michel, à Bruges.
M. Van Goidsenhoven, à Bruxelles.

H.

Haelen (église de).
M. Eug. van Herck, à Anvers.
Mlle Marie van Herck, à Anvers.
Hospices civils de Bruges.

K.

M. L. Kervyn de Meerendré, à Bruges.

L.

M. Laurent, à Antoing.
Liége (église St-Paul).
M. Liégeois, à Ypres.

M.

M. Maertens, à Gand.
M. Matthieu, à Huy.
Mme Mayer-van den Bergh, à Anvers.

N.

Notre-Dame (église), à Bruges.
Nivelles (église St-Nicolas).
Notre-Dame (les Sœurs de), à Namur.

O.

Mme Ernest Osterrieth, à Anvers.

S.

St-Brice (église), à Tournai.
St-Charles Borromée (église), à Anvers.
St-Michel (Gilde de), à Bruges.
St-Martin (église), à Ypres.

St-Paul (église), à Anvers.
St-Paul (église), Liége.
St-Nicolas (église), à Nivelles.
St-Quentin (église), à Hasselt.
St-Sauveur (église), à Bruges.
Mgr Simon, Aumônier de la Cour, à
    Laeken.
M. Eugène Soil, à Tournai.
MM. de Somzée, à Bruxelles.
Les Sœurs de N.-D., à Namur.
de Schikler (Baron), à Paris.
Soignies (église de).
Stalhille (église de).

T.

M. Tulpinck, à Bruges.

Tirlemont (église de).
Tournai (église de St-Brice).

V.

Baron de Vinck de Winnezeele, à
    Anvers.
M. Verlinde, à La Hulpe.

W.

M. van de Walle, à Bruges.
Mme van de Walle, à Bruges.

Y.

Ypres (les archives d').
   » (église St-Martin).